日本全国《にほんぜんこく》 怪不思議 都市伝説

放課後心霊《ほうかごしんれい》クラブ 編

都市伝説はすぐそばに！しのびよる恐怖《きょうふ》や怪異《かいい》

「都市伝説」とは、現代《げんだい》に広がるあやしいウワサ話のことだ。ありえないできごとや、不思議との遭遇《そうぐう》、幽霊《ゆうれい》や妖怪《ようかい》、さらには怪人《かいじん》など、人間ではない存在のウワサが、都市伝説として人から人へと広まっていく。

都市伝説の舞台《ぶたい》は、身近な場所が多い。たとえば、道路や公園、トンネル、なかには有名な観光スポットなどさまざまだ。とくに有名なのが学校を舞台《ぶたい》にした「学校の怪談《かいだん》」や「学校の七不思議《ななふしぎ》」で、生徒《せいと》たちの間でウワサが広まっているのを、実際耳《じっさいみみ》にした人もいるのではないだろうか。

ウワサ話は人から人へ伝わり、テレビや雑誌《ざっし》、新聞などのメディアに取り上げられることで、拡散《かくさん》されていく。昔はこれが当たり前だった。ところが、1990年代後半以降《いこう》にインターネットが急激《きゅうげき》に普及《ふきゅう》し、ネット掲示板《けいじばん》やSN《エスエヌ》S《エス》で拡散《かくさん》されることが増えていった。ネット掲示板《けいじばん》への書きこみから生まれた都市伝説もあるほどだ。

この本では、「たしかなエピソードがある」都市伝説を選んで紹介している。

何が「たしか」かというと、「ここに幽霊《ゆうれい》が出るらしい」「変な現象《げんしょう》が起きるらしい」というただのウワサではなく、過去《かこ》に起きた事故《じこ》の慰霊碑《いれいひ》が立つ場所や、首を斬《き》られて死んだ武将《ぶしょう》の墓《はか》、大勢《おおぜい》の死傷者《ししょうしゃ》が出た事故現場《じこげんば》などを取り上げているという点だ。そこに石碑《せきひ》や墓《はか》が立つということは、実際《じっさい》にその事故《じこ》や事件《じけん》があったこと、都市伝説に登場する人物が存在《そんざい》したことを意味する。伝説だったものが、現実《げんじつ》により近くなるのだ。そういう場所でのウワサを、目撃情報《もくげきじょうほう》をもとにイラストで完全再現《かんぜんさいげん》したほか、現地調査《げんちちょうさ》や資料《しりょう》によって徹底解説《てっていかいせつ》している。

ただのウワサ話と思ってバカにすることなかれ。うす暗く人気《ひとけ》のない場所だけが危険《きけん》なわけではなく、たくさんの人が行《ゆ》き交《か》い待ち合わせをするような場所や、観光スポットのような場所にも、怪人《かいじん》や霊《れい》などの目撃情報《もくげきじょうほう》がある。「ここは安全！」というような場所はないのかもしれない。それくらい都市伝説は身近な存在で、危険《きけん》はきみのすぐそばまでせまってきているのだ。

放課後心霊《ほうかごしんれい》クラブ

巻頭特集《かんとうとくしゅう》!

恐《きょう》怖《ふ》の心《しん》霊《れい》写《しゃ》真《しん》ファイル

身近な場所にひそむ霊《れい》

霊《れい》がいるのは有名な心霊《しんれい》スポットや、お墓《はか》のように霊《れい》が集まりやすそうな場所だけではない。身近な場所にもひそんでいるのだ。

花のなかからこちらを見ている女の霊《れい》!

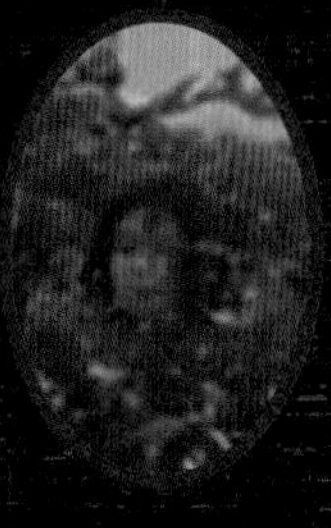

左にある花壇《かだん》の花を見ると、はっきりと女が写っている。人間のようにも見えるが、そうだとすると、顔のある位置、大きさが不自然だ。また、少し拡大《かくだい》してみると、はっきり写っている部分とそうでない部分がよくわかる。これは霊《れい》の特徴《とくちょう》だ。

子どもたちが遊ぶ公園のすべり台。よく見ると、幼《おさな》い子どもの顔が写りこんでいる。生前公園でよく遊んでいたのだろうか。さみしがりやな子どもの霊《れい》は、公園のようなにぎやかな場所に寄《よ》ってくることもあるようだ。

すべり台に写った子どもの霊《れい》!

この世のものではない
手がしのび寄《よ》る……

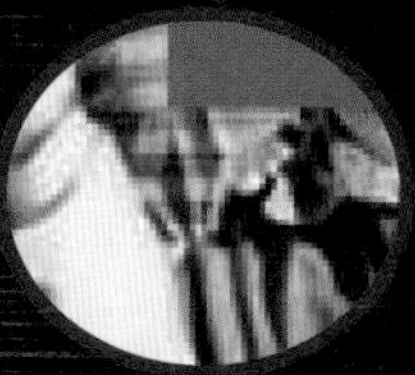

動物園へ行ったときの記念写真。右側に写る男性の右肩《みぎかた》を見ると人の手が……。男性によれば、後ろに人はいなかったという。おそろしいのは、その場にいた霊《れい》が「楽しそうだから」と寄《よ》ってきたのではなく、男性に取りついているか、憑依《ひょうい》しているということだ。

よく見ると
足が1本多い……？

卒業式の思い出写真。女の子たちの足の間に、１本男の子と思われる足が写りこんでいる。足の向いている方向からして後ろの人の可《か》能性《のうせい》はないだろう。

水場に集まる霊《れい》

霊《れい》がのどのかわきを癒《い》やすため、水には陰《いん》の気が宿るので霊《れい》にとって居《い》心地《ごこち》がよいためなど、理由はさまざまだが、川や海、湖《みずうみ》など、水がある場所には霊《れい》が集まりやすいという。

水面に浮《う》かぶ人の顔！

川遊びをしている親子の楽しげな写真。ゆらめく水面をよく見ると、そこには人の顔のようなものが……。悪さをする気配《けはい》は感じられない。浮遊霊《ふゆうれい》の悪ふざけだろうか。

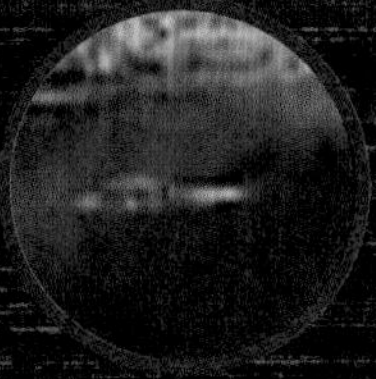

水面から顔をのぞかせる男の霊《れい》！

心霊《しんれい》スポットとして有名な池らしいが、とくに変わったところはなさそうに見える。ところがよく見ると、左上あたりの水面から男の顔がのぞいている。

プールからのびる子どもの足

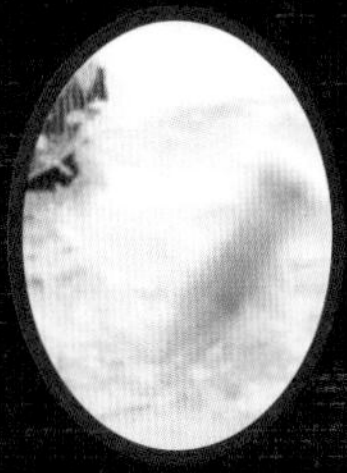

プールも霊《れい》の目撃情報《もくげきじょうほう》は多い。この写真の右側にはっきりと写る足は、大きさからして2歳《さい》くらいの子どものものだろう。しかし周りに親の姿《すがた》はない。2歳《さい》の子どもがひとりで泳いでいるとは考えにくく、不自然だ。ここで亡《な》くなった子の霊《れい》ではなく、楽しそうにしている姿《すがた》がうらやましくて寄《よ》ってきたのだろう。

背後《はいご》に写りこんだ少女を見つめる男児の霊《れい》

背後に写っているのは、男の子の霊《れい》だ。写真左に写る少女は、幼いころ見えないだれかと遊んでいたという。その相手がずっとつきまとい、この温泉にもついてきたようだ。

神社や寺に集まる霊《れい》

寺は霊《れい》を供養《くよう》しているという点、夜の神社は、神の力で守られている昼間とちがい、その力によくないものが引き寄《よ》せられるという点から、じつは霊《れい》が集まりやすいとされる。

すぐそばにせまる霊《れい》の手！

子どもの手を引く女性。女性の手のすぐ奥《おく》に青い服を着たような腕《うで》が写っている。背後《はいご》に人がいるようすはない。人間ではないものの腕《うで》だろう。霊感《れいかん》がある人がこの写真を見ると、右上の囲《かこ》った2カ所にも霊《れい》の顔が見えるという。

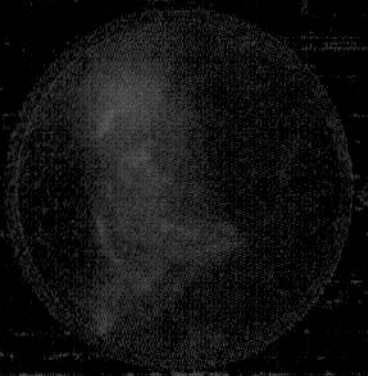

苦痛《くつう》にゆがんだ表情《ひょうじょう》の霊《れい》がけむりにまぎれている！

この写真を撮影《さつえい》した際《さい》、線香をたいていたようだが、左上に写っているのはけむりではなく霊《れい》だ。霊《れい》を避《さ》けるためにたいた線香が逆効果《ぎゃくこうか》。霊《れい》を呼《よ》んでしまったようだ。

死者の魂《たましい》が帰る 山の霊《れい》

山に宿る神様や、神秘的《しんぴてき》な力のある霊地《れいち》に敬意《けいい》をはらう「山岳信仰《さんがくしんこう》」によって、山は神聖《しんせい》な場所とされてきた。山岳信仰《さんがくしんこう》では死者の魂《たましい》は山に帰るとされ、霊《れい》が集まる霊山《れいざん》もある。

岩に腰《こし》かける女性のうしろからのぞく少女の顔。一見人間のようだが、撮影時《さつえいじ》、背後《はいご》にはだれもいなかったという。この山の浮遊霊《ふゆうれい》ではなく、この女性に取りついているようだ。女性は以前、恐山《おそれざん》に登ったことがあるようで、その際《さい》に連れてきてしまったのかもしれない。

背後《はいご》にせまる少女の霊《れい》！

自殺《じさつ》の名所でとらえた苦しむ霊《れい》の姿《すがた》！

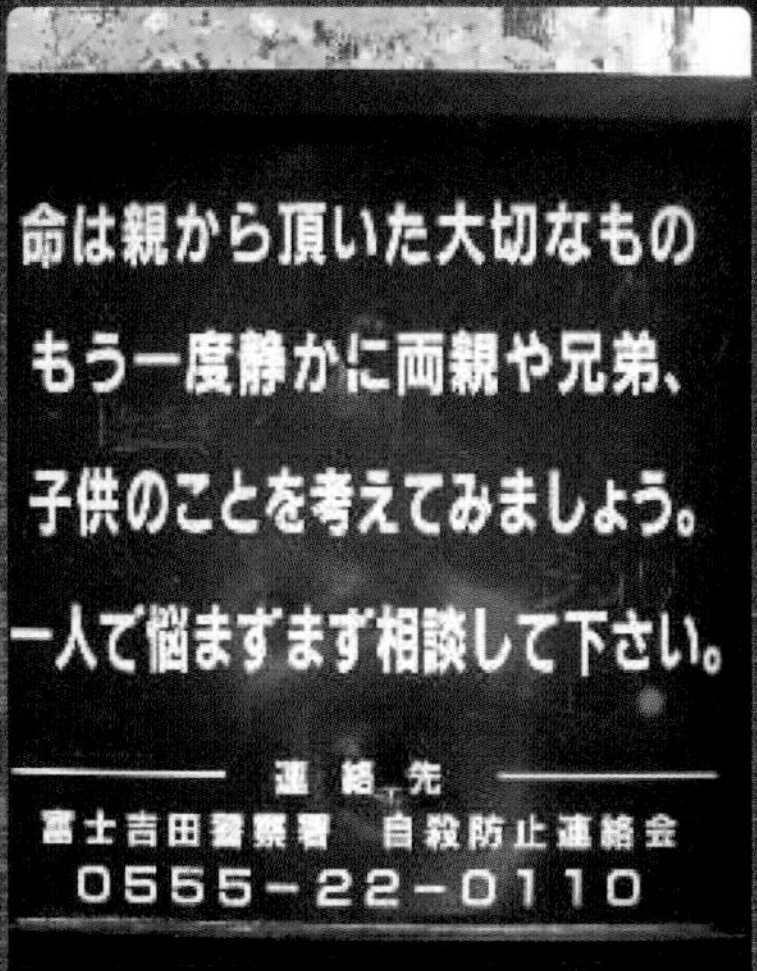

富士山のふもとにある青木ヶ原樹海《あおきがはらじゅかい》は、自殺《じさつ》の多い場所として有名だ。この写真はそこに立つ自殺防止《じさつぼうし》の看《かん》板《ばん》だが、苦しそうな表情《ひょうじょう》の霊《れい》が写りこんでいる。自殺《じさつ》した人の霊《れい》は、樹《じゅ》海《かい》でずっと苦しんでいる。

トンネル内に引き寄《よ》せられた霊《れい》

トンネル内部での事故《じこ》や建設途中《けんせつとちゅう》の事故《じこ》で死者が出ていることや、霊《れい》が暗くてじめじめした場所を好むことから、たくさんの霊《れい》が内部に引き寄《よ》せられるという。

日本最恐《にほんさいきょう》の心霊《しんれい》スポットで激写《げきしゃ》！苦しむ男の影《かげ》

この写真が撮影《さつえい》されたのは、この本の166ページでも紹介《しょうかい》している犬《いぬ》鳴《なき》トンネルだ。右側に写りこんだ黒い影《かげ》には、苦しそうに白目をむく男の顔が……。後日、同じ場所で撮影《さつえい》したが、男の顔が写ったところには何もなかった。

後日撮影《さつえい》した写真

トンネル内にうごめく複数《ふくすう》の霊《れい》

カーブミラーに映《うつ》るトンネルは、昔、女性が惨殺《ざんさつ》されたというウワサがあるトンネルだ。トンネルの中央部分には複数《ふくすう》の霊《れい》が写りこんでいる。霊《れい》感《かん》がある人がこの写真を見て、肩《かた》が重くなったというほど、よくない霊《れい》が写ってしまったらしい。

廃墟《はいきょ》に 住みついた霊《れい》

トンネルと同じく、暗くてじめじめしている廃墟《はいきょ》には霊《れい》が集まりやすいという。また、もともと悪霊《あくりょう》が集まるような場所なので、人が暮《く》らせなくなり廃墟《はいきょ》になったというような考え方もあるようだ。

ガラス越《こ》しにこちらをのぞくギョロッとした「目」

この本の170ページで紹介《しょうかい》した、「岳集《たけしゅう》落《らく》」で撮影《さつえい》された1枚。たくさんの廃墟《はいきょ》が残り、かつて村だったことを彷彿《ほうふつ》とさせる。白いかべの建物のガラス戸には、人の目のようなものが写っている。

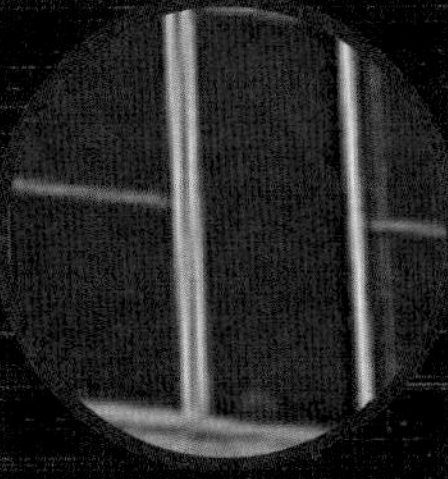

だれもいないはずの建物に窓《まど》から外をながめる子どもの霊《れい》が……

新しく建てられた会社に引《ひ》っ越《こ》したため、いまは使われていない建物。その最上階《さいじょうかい》の窓《まど》から、だれかを待つように外をながめる子どもの姿《すがた》が写っている。

もくじ

巻頭特集《かんとうとくしゅう》！
都市伝説はすぐそばに！ しのびよる恐怖《きょうふ》や怪異《かいい》 — 2
恐怖《きょうふ》の心霊写真《しんれいしゃしん》ファイル — 4

北海道・東北地方

鎖《くさり》の音とともに残り続ける囚人《しゅうじん》たちの怨念《おんねん》 鎖塚《くさりづか》 — 18
ちぎれた上半身で追いかけてくる 妖怪《ようかい》テケテケ — 22
特集 学校に伝わる七不思議《ななふしぎ》 — 26
悪霊《あくりょう》のすみかになった伝説の村 杉沢村《すぎさわむら》 — 28
「東洋一の大銀山」に残る墓地《ぼち》でさまよう幽霊《ゆうれい》たち 院内銀山跡《いんないぎんざんあと》 — 32
あの世にもっとも近い山 恐山《おそれざん》 — 36
特集 女霊媒師《おんなれいばいし》「イタコ」の秘密《ひみつ》 — 40

関東地方

1000年たっても消えないたたり 平将門《たいらのまさかど》の首塚《くびづか》 — 44
特集 むごたらしい地獄《じごく》の刑罰《けいばつ》 — 48
人食い住職《じゅうしょく》の霊《れい》が飛び回る 大中寺《だいちゅうじ》・根《ね》なしの藤《ふじ》 — 50

霊《れい》と呪《のろ》いがさらなる殺人《さつじん》を呼《よ》ぶ
道了堂跡《どうりょうどうあと》 54

いまもうらみが残るのか『四谷怪談《よつやかいだん》』のたたり
於岩稲荷田宮神社《おいわいなりたみやじんじゃ》 58

特集 受けつがれた日本三大怪談《にほんさんだいかいだん》 62

ワラ人形の儀式《ぎしき》で憎《にく》む相手を呪《のろ》い殺《ころ》す
佐波神社《さばじんじゃ》 64

女の幽霊《ゆうれい》が天井から落ちてくる
千駄ヶ谷《せんだがや》トンネル 68

なかをのぞくと首を斬《き》られる!?
腹切《はらき》りやぐら 72

特集 謎《なぞ》が深まるUFO《ユーフォー》とUMA《ユーマ》 76

中部地方

「ワタシ……キレイ？」答えてはいけない
口裂《くちさ》け女《おんな》 80

特集 全国各地に出没《しゅつぼつ》する怪人《かいじん》たち 84

虐殺《ぎゃくさつ》された女の霊《れい》が谷底へといざなう
花魁淵《おいらんぶち》 86

おびただしい数の武士《ぶし》の死霊《しりょう》
東海道《とうかいどう》の古戦場《こせんじょう》 90

死んでしまった子どもがすすり泣く
佐渡島《さどしま》・賽《さい》の河原《かわら》 94

特集 寺社の動物たち 98

毎年20人以上《いじょう》が身を投《な》げている
東尋坊《とうじんぼう》 100

特集 本当は怖《こわ》い日本の昔話 104

近畿地方

禁断《きんだん》の呪術《じゅじゅつ》「丑《うし》の刻参《こくまい》り」がいまも行われる
貴船神社《きふねじんじゃ》 108

特集 現代《げんだい》にも伝《つた》わる呪術《じゅじゅつ》の歴史 112

大妖怪《だいようかい》・酒呑童子《しゅてんどうじ》の首が眠《ねむ》る地
首塚大明神《くびづかだいみょうじん》 114

特集 鬼《おに》の正体と京都の伝説 118

妖女《ようじょ》と惨殺《ざんさつ》された女中の霊《れい》の伝説残る
姫路城《ひめじじょう》 120

溺《おぼ》れたら最後、死体さえも見つからない
琵琶湖《びわこ》・竹生島《ちくぶしま》 124

大阪・梅田《うめだ》のダンジョンをさまよい続ける女
泉《いずみ》の広場《ひろば》 128

中国・四国地方

事故死《じこし》した人数は１００人以上
危険《きけん》すぎるトンネル
旧生駒《きゅういこま》トンネル 132

特集 トンネルにまつわる怖《こわ》い話 136

「たたり神」がすむ、悪いことばかり起こる道
縄筋《なわすじ》・ナメラスジ 140

特集 異世界《いせかい》へとつながる場所 144

いないはずの子どもが写真に写りこむ
石見畳ケ浦《いわみたたみがうら》・賽《さい》の河原《かわら》 146

首のない落武者《おちむしゃ》の霊《れい》がさまよう
首切峠《くびきりとうげ》 150

九州・沖縄地方

集落を壊滅《かいめつ》させるほどの強い怨念《おんねん》
保瀬《ほせ》 154

病や急死は暗殺《あんさつ》された家臣《かしん》のたたり
吉良神社《きらじんじゃ》 158

特集 ミステリーサークルの謎《なぞ》 162

斧《おの》をもった男たちが襲《おそ》いかかってくる集落
犬鳴村《いぬなきむら》 166

特集 怖《こわ》いウワサが残る村の話 170

殺《ころ》された人々の霊《れい》が城跡《じょうせき》をさまよい歩く
原城跡《はらじょうあと》 172

のぞきこむと白い手で引きずりこまれる
阿蘇大橋《あそおおはし》 176

一反木綿《いったんもめん》が目撃《もくげき》される
轟《とどろ》の滝《たき》 180

特集 化け物か神か？日本の妖怪《ようかい》 184

気軽に近づいてはいけないユタの修行場《しゅぎょうば》
森川公園《もりかわこうえん》 186

特集 地域《ちいき》の守り神・お地蔵様《じぞうさま》の謎《なぞ》 190

この本の見方

TYPE　都市伝説のタイプを5つのアイコンで示《しめ》している

霊魂《れいこん》／怨霊《おんりょう》　集合体《しゅうごうたい》　人型《ひとがた》　怪人《かいじん》／妖怪《ようかい》　現象《げんしょう》

危険度　都市伝説の危険度《きけんど》を示《しめ》している

出現地　怪異《かいい》、霊《れい》などの出現地《しゅつげんち》を示《しめ》している

特　徴　都市伝説の特徴《とくちょう》を簡単《かんたん》に説明《せつめい》している

情報　都市伝説に関《かん》する情報《じょうほう》をくわしく紹介《しょうかい》している

調査　都市伝説について独自《どくじ》に調査《ちょうさ》し、検証《けんしょう》している

目撃情報　実際《じっさい》の目撃情報《もくげきじょうほう》を紹介《しょうかい》している

北海道・東北地方

❶ 鎖塚《くさりづか》 18
❷ 妖怪《ようかい》テケテケ 22
❸ 杉沢村《すぎさわむら》 28
❹ 院内銀山跡《いんないぎんざんあと》 32
❺ 恐山《おそれざん》 36

1
北海道
2
5
3
青森県
秋田県
岩手県
4
山形県
宮城県
福島県

鎖《くさり》の音とともに残り続ける囚《しゅう》人《じん》たちの怨《おん》念《ねん》

鎖《くさり》塚《づか》

DATA

TYPE 人型

危険度	★★★
出現地	北海道北見市端野町《きたみしたんのちょう》
特　徴	明治時代に強制労働《きょうせいろうどう》をさせられて命を落とした囚人《しゅうじん》たちの霊《れい》がさまよう墓場《はかば》。

強制労働《きょうせいろうどう》の果てに迎《むか》えた無惨《むざん》な死

北海道の中央道路は、明治時代に刑務所《けいむしょ》にいた囚人《しゅうじん》たちによってつくられた。にげないように鎖《くさり》でつながれ、厳《きび》しい労働をさせられたせいで、たくさんの囚人《しゅうじん》が工事中に亡《な》くなったそうだ。その死者たちが鎖《くさり》につながれたままうめられているのが「鎖塚《くさりづか》」だ。鎖塚《くさりづか》には、作業服を着た男の霊《れい》が現《あらわ》れるという。

鎖《くさり》をひきずる音が聞こえたという証言《しょうげん》も多い。無惨《むざん》な死をとげた囚人《しゅうじん》たちの霊《れい》がさまよっているのだろうか。聞こえたら静かにその場をはなれよう。

鎖《くさり》でつながれうめられた囚人《しゅうじん》

北海道の開拓《かいたく》が進められていた1891年、北海道の東側に位置する網走《あばしり》と、中央付近の旭《あさひ》川《かわ》をつなぐ中央道路（228キロ）をつくるために、1000人以上の囚人《しゅうじん》が集められた。囚《しゅう》人《じん》たちは重労働をさせられ、粗《そ》末《まつ》な食事や衣服しかあたえられず、氷点下20℃《ど》ほどにもなる寒さにたえなければならなかった。こうした囚人《しゅうじん》の強制労働《きょうせいろうどう》によりつくられた道路は別名〝囚《しゅう》人道路《じんどうろ》〟とも呼《よ》ばれている。

そのつらい労働環境《ろうどうかんきょう》に、にげようとする者も多かった。しかし、足に鎖《くさり》で重りをつけられており、にげることは難《むずか》しい。なんとかにげだしても、重い足をひきずりながらでは、すぐに見つかってしまう。つかまえられた囚人《しゅうじん》は、その場で殺《ころ》されていたようだ。囚人《しゅうじん》のなかには、現《げん》代《だい》なら犯罪者《はんざいしゃ》といえないような人もふくまれていた。

結局、238人の囚人《しゅうじん》が亡《な》くなり、死体は道路のわきにうめられたという。のちの調査《ちょうさ》では、鎖《くさり》でつながれたままの人骨《じんこつ》が見つかっている。現在《げんざい》、囚人《しゅうじん》たちがうめられた場所は「鎖《くさり》塚《づか》」と呼《よ》ばれ、供養《くよう》のための石《せき》碑《ひ》が立てられている。しかし、囚人《しゅうじん》たちの怨念《おんねん》が残っているのか、そばを通ると、夏でもふるえるほど寒くなるそうだ。

目撃情報

鎖塚《くさりづか》の近くを通ると、どこからか鎖《くさり》をひきずるような音が聞こえてくるという。

供養《くよう》の石碑《せきひ》の後ろに見える、こんもりとした土《と》まんじゅうが囚《しゅう》人《じん》たちの墓《はか》だ。

血まみれの男が現《あらわ》れる常紋《じょうもん》トンネル

北海道開拓《かいたく》の歴史において、鎖塚《くさりづか》にとむらわれている囚人《しゅうじん》たちのような例は、悲しいことにめずらしい話ではない。１９１４年に開通した、国鉄（現在《げんざい》のＪＲ《ジェイアール》）北海道石北《ほっかいどうせきほく》本線《ほんせん》の常紋《じょうもん》トンネルでも、工事中の厳《きび》しい労働によって、１００人以上が亡《な》くなっている。１９７０年に改修工事《かいしゅうこうじ》が行われた際《さい》には、たくさんの人骨《じんこつ》が見つかった。

なかでも世間に衝撃《しょうげき》をあたえたのが、かべのレンガから発見された、立ったままの人骨《じんこつ》だった。にげようとして殺《ころ》された人が、見せしめとしてはりつけにされたとも、工事の成功を願った人柱《ひとばしら》（いけにえ）ともいわれている。

こうした歴史のせいで、心霊《しんれい》現象《げんしょう》の報告《ほうこく》がたえない。トンネル開通後は、トンネル内に血まみれの男がたびたび現《あらわ》れたという。目撃《もくげき》した運転士の話によると、線路に血まみれの男が立っており、あわてて急停車《きゅうていしゃ》したが辺りにはだれもいない。ふたたび列車を走らせると、同じ男が現《あらわ》れたため停車《ていしゃ》したが、またもや、だれもいなかったそうだ。

やはりこうした歴史のある場所には、霊《れい》がさまよっているのだろう。彼《かれ》らのめいふくを静かに祈《いの》るばかりだ。

多くの人骨《じんこつ》が見つかった常紋《じょうもん》トンネル。手前の設備《せつび》は信号所。

ちぎれた上半身で
追いかけてくる

妖《よう》怪《かい》テケテケ

DATA

TYPE 妖怪

危険度	★★★
出現地	北海道室蘭市《むろらんし》
特　徴	踏切《ふみきり》事故《じこ》で体が切断《せつだん》された女性の上半身の霊《れい》。はいずりながら追いかけてくる。

体が切断《せつだん》されても死にきれない苦《くる》しみ

　ある冬の日、北海道で踏切事《ふみきりじ》故《こ》が起きた。列車にはねられた女性の体は切断《せつだん》され、上半身と下半身に分《わ》かれてしまった。

　しかし、女性はしばらく生きていた。そして、上半身だけではいずって、下半身のほうへ向かおうとしたそうだ。

　結局、女性は亡《な》くなったが、女性の上半身の幽霊《ゆうれい》がひじをついてはいずりながら、人を追いかけるようになったという。追ってくるときの音が「テケテケ」と聞こえることから、妖怪《ようかい》テケテケと呼《よ》ばれているのだ。

はいずる速度は時速100キロ以上

テケテケが追いかけてくる理由は、自分の両足を探《さが》しているからだといわれる。そのため、追いつかれた人は、両足をもぎとられてしまうそうだ。

おそろしいことに、テケテケが追いかけてくるときのスピードは、時速100キロ以上にもなるという。それだけ、両足への未練が強いのだろう。

基本パターンは前のページでふれた下半身のない女性なのだが、テケテケのウワサが広がっていくなかで、いろいろな説やパターンが生まれた。たとえば列車にひかれたのは女子高生だったという説のほか、男性だったという説もある。大きなハサミをもっておそってきたり、テケテケではなく、シャカシャカと言いながら追いかけてきたりするパターンもある。

しかし、共通しているのは、ある呪文《じゅもん》をとなえれば、助かるということだ。その呪文《じゅもん》とは、「地獄《じごく》に帰れ」だという。

テケテケは、自分が死んだことに気づいていない。そのため、ずっと自分の両足を探し続けている。「地獄《じごく》に帰れ」という呪文《じゅもん》は、テケテケに死んでいることを気づかせることができる。悲しい事故《じこ》によって妖怪《ようかい》となってしまったテケテケを、成《じょう》仏《ぶつ》させてあげられるのだ。

目撃情報

テケテケは電車の運転士の姿《すがた》をしていた、空中を走っていた、という目撃情報《もくげきじょうほう》も。

北海道室蘭本線《ほっかいどうむろらんほんせん》。事故《じこ》があったとされる室蘭市《むろらんし》は、北海道中南部の海ぞいに位置し、道内では比較的《ひかくてき》暖かい地域《ちいき》。

調査

北海道の寒さで出血は止まるのか？

妖怪《ようかい》テケテケを生んだ踏切《ふみきり》の場所は、はっきりとはわかっていない。広まっていくなかでいろいろなバリエーションが生まれてしまって、事故《じこ》の状況《じょうきょう》も一定ではない。ただ、ほとんどのウワサで北海道ということは共通している。室蘭市内《むろらんしない》ではないかといわれることが多い。

ところで、切断《せつだん》された体がこおって出血が止まったということだが、こんなことが本当に起こるのだろうか。結論《けつろん》からいえば、ないこともないらしいが、北海道の寒さでは程度《ていど》が足りないようだ。

また、ウワサが広まってから起こった別の事故《じこ》や、ほかの都市伝説がテケテケのウワサに取り込まれていることもある。そう考えていくと、テケテケは電車の事故《じこ》で亡《な》くなった多くの被《ひ》害者《がいしゃ》が、ウワサという形で1つになった妖怪《ようかい》だといえるのかもしれない。

映画『テケテケ 2』(2009 年、アートポート)。妖怪《ようかい》テケテケは多くの映画やマンガで題材になっている。

結果

つくり話か？

おそらくはつくり話だと思われる。だから安心……のはずだが、これほどまでにウワサが広まれば、ウワサを中心に霊《れい》が集まり、本物の妖怪《ようかい》となっている、なんてこともありえるだろう。

特集

学校に伝わる七《なな》不《ふ》思《し》議《ぎ》

七不思議のすべてを知るとおそろしいことが起こる……

トイレの花子さんと増《ふ》える階段《かいだん》

ある土地に伝わるこわい話を七つ集め、七不思議と総称《そうしょう》することがある。きみたちにとくになじみ深いのは、学校の七不思議だろう。テケテケは、こうした学校の七不思議でも定番だ。夜中に校舎《こうしゃ》にしのびこむと、テケテケがものすごい速さでろうかを走って追いかけてくるという話を聞いたことはないだろうか。

七不思議の内容《ないよう》は伝わる学校によってさまざまなのだが、「トイレの花子さん」などは定番だ。女子トイレの奥《おく》から3番目のだれもいないはずの個室《こしつ》トイレのドアをノックしながら、「花子さ〜ん、遊びましょ〜」と呼《よ》びかけると「は〜い」と返事が返ってくる。そして、赤いスカートをはいたおかっぱ頭の女の子が現《あらわ》れて、「かくれんぼしよう」とさそってくるという。

しかし、花子さんとかくれんぼをしてはいけない。なぜなら、トイレに閉《と》じこめられて、二度と出られなくなってしまうからだ。

また、「増《ふ》える階段《かいだん》」にも要注意。屋上につながる階段《かいだん》が、いつもは12段《だん》しかないのに、なぜか13段《だん》になることがある。そして、13段目《だんめ》をのぼると、死後の世界へ連れ去られてしまうといわれている。

殺《ころ》された人の怨念《おんねん》が手洗《てあら》い場《ば》を赤く染《そ》める

「校庭の二宮金次郎像《にのみやきんじろうぞう》が夜になると動き出す」というのも、学校の七不思議としては定番だろう。きみの学校に二宮金次郎像があったら、昨日と位置が変わっていないか確《たし》かめておいたほうがよいかもしれない。もしも動いていたのだとしたら、それは……。

ほかにも「理科室の人体模型《じんたいもけい》が校内を歩き回っている」「音楽室のピアノがひとりでに鳴る」「とつぜんろうかが長くなり、いつまでも教室にたどりつけない」「だれもいない体育館でボールをつく音が聞こえる」などが有名だ。これらは多くの学校に伝わるこわい話なので、耳にしたことがあるかもしれない。

もちろん、その学校にしかないこわい話が七不思議に数えられることもある。たとえば、昔、戦場だった場所に建てられた学校では、戦国時代の落武者《おちむしゃ》の亡霊《ぼうれい》が現《あらわ》れるという。また、殺人事件《さつじんじけん》があった学校では、水道から赤い水が出ることがあるという話が伝わっていたりする。

自分の学校の七不思議が気になるところだろうが、あまりむやみに調べることはおすすめしない。「その学校に伝わる七不思議をすべて知ってしまうとおそろしいことが起こる」という話も伝わっている。

ちなみに七というのは仏教《ぶっきょう》では特別な意味のある数字だ。なぜ7つセットなのかは定かではないのだが、そこには深い意味がかくされているのかもしれない。

二宮金次郎像

まきを背負《せお》った二宮金次郎像が夜の校庭を走っているかもしれない。数えるたびにまきの数がちがったり、本がめくれていることもあるという。

DATA

TYPE 集合体

危険度	★★★
出現地	青森県青森《あおもり》市《し》小畑沢《おばたけざわ》小杉《こすぎ》？
特　徴	大量殺人《たいりょうさつじん》によって消えた村が、悪《あく》霊《りょう》のすみかになっている。

悪霊《あくりょう》のすみかになった伝説の村 杉《すぎ》沢《さわ》村《むら》

足をふみ入《い》れたら二度ともどれない

1990年代にインターネット上で広まった、おそろしい村の伝説がある。杉沢村《すぎさわむら》とよばれるその村は、青森県の山のなかにあったとされている。

昔、その村で事件《じけん》が起きた。村に住んでいた若者《わかもの》が、村人たちを殺《ころ》し、みずからも命を絶《た》ったのだ。住民は全員亡《な》くなり、村はすたれてしまった。

しかし、どこかにその村がまだ残っているという。そして、悪霊《あくりょう》のすみかになっており、足をふみ入れたら二度ともどってこられないそうだ。

情報

無惨《むざん》な姿《すがた》をした村人たちの霊《れい》

杉沢村《すぎさわむら》は果たしてどこにあるのだろうか。杉沢村《すぎさわむら》の伝説が話題になった1990年代、たくさんの人たちがインターネット上で、杉沢村《すぎさわむら》について調査《ちょうさ》し、レポートをまとめていた。インターネット上の情報《じょうほう》というだけあり、うさん臭《くさ》い情報《じょうほう》も多いが、なかにはかなり真剣《しんけん》に検証《けんしょう》しているものもある。

こうしたレポートに共通しているのが、村へ行く道には、「ここから先へ立ち入る者、命の保《ほ》証《しょう》はない」と書かれた看板《かんばん》があるという点だ。村の入口に、古びた鳥居《とりい》とドクロに似《に》た石がある、という話も聞く。さらに進むと、赤い屋根の小屋があり、なかには血の跡《あと》が残っているという。

そして、夜になると、首を斬《き》られた老女や顔中に鉄ぽうでうたれた跡《あと》がある男、口から血を流している女など、見るも無惨《むざん》な姿《すがた》をした村人たちの悪霊《あくりょう》が、うなり声をあげながら、おそってくるというのだ。

一説には、青森市小畑沢《おばたざわ》の小《こ》杉地区《すぎちく》の通称《つうしょう》が「杉沢村《すぎさわむら》」らしく、ここが伝承《でんしょう》の舞台《ぶたい》だともいう。しかし、たしかに小杉地区《こすぎちく》は廃墟《はいきょ》になっているが、とくに大量殺人《たいりょうさつじん》があったという記録は見当たらない。過疎化《かそか》によって廃墟《はいきょ》となった場所のようだ。

目撃情報

必死に逃げて命は助かったものの、いっしょにいた友だちが行方不明になってしまったという証言《しょうげん》もある。

小杉地区《こすぎちく》の道路沿《そ》いにひっそりとたたずむ鳥居。杉沢村《すきさわむら》の入口か？

猿田彦大神《さるたひこおおかみ》の石碑《せきひ》の横の石がドクロのように見えないでもない。

調査

杉沢村《すぎさわむら》をおそれる必要はない？

小杉地区《こすぎちく》に行ってみた人の報告《ほうこく》では、古びた鳥居やドクロに似た石らしきものは見つけられたが、「命の保証《ほしょう》はない」と書かれた看板《かんばん》はなかったとのことだ。また、赤い屋根の小屋も建っていたが、血の跡《あと》は見当たらなかった。

殺人事件の記録から探《さぐ》ってみると、1953年に青森県で、若者《わかもの》が家族7人を殺害《さつがい》するという事件《じけん》があった。杉沢村《すぎさわむら》の伝説は、この事件《じけん》がモデルという説もある。

こうした調査《ちょうさ》からは、杉沢村《すぎさわむら》はやはりつくり話のように思える。だが、夜にならないと本物の杉沢村《すぎさわむら》には入れないという報告《ほうこく》もあるため、昼は別の姿《すがた》をしているということもありえる。たしかに悪霊《あくりょう》におそわれたと証言《しょうげん》した人たちはみんな夜におとずれている。うっかり夜ふけに足をふみ入《い》れたら最後、二度ともどれないかもしれないのだ。

結果

夜は危険《きけん》！

つくり話という可能性《かのうせい》もあるが、存在《そんざい》しない証拠《しょうこ》もなかった。小杉地区《こすぎちく》というあやしい場所はあったが、所在地《しょざいち》も確定はできなかった。青森県をおとずれる際《さい》には、夜に注意したほうがよいかもしれない。

鳥居の奥《おく》にある赤い屋根の小屋。昼間に見る限り、血の跡《あと》はなさそうだ。

院《いん》内《ない》銀《ぎん》山《ざん》跡《あと》

「東洋一の大銀山」に残る
墓《ぼ》地《ち》でさまよう幽《ゆう》霊《れい》たち

DATA

TYPE 人型

危険度	★★
出現地	秋田県湯《ゆ》沢《ざわ》市《し》院内《いんない》銀山《ぎんざん》町《まち》
特　徴	東洋一大きな銀山があった場所。放置された墓《ぼ》地《ち》があり、幽《ゆう》霊《れい》が出《で》る。

森のなかに広がる不気味な墓石《はかいし》の群《む》れ

秋田県に昔、「院内銀山《いんないぎんざん》」という銀山（銀がとれる場所）があった。院内銀山《いんないぎんざん》は、日本一の銀山として栄えたが、銀の価値《かち》が下がるとすたれてしまった。

現在、院内銀山跡《いんないぎんざんあと》の森には、3000基《き》もの墓石《はかいし》が並《なら》んでいる。その近くを車で通ると「バンバン！」と車体をたたく音が聞こえて、たくさんの黒い手形が車についているという。

墓《はか》の下でねむっているのは、銀山で働いていた人たちだ。かれらの霊《れい》は、かつて栄えた銀山に未練があるのかもしれない。

情報

くずれた墓《はか》を直す あわれな女の幽霊《ゆうれい》

院内銀山《いんないぎんざん》が発見されたのは1606年、江戸時代のことだった。この時代はお金として銀が使われることも多く、とても重要な鉱物《こうぶつ》だった。院内銀《いんないぎん》山《ざん》は一時期は国内でもっとも産出量の多い銀山で、「東洋一の大銀山」と呼《よ》ばれるほど栄えたが、やがてすたれていき、1954年に閉《と》じられた。

現在《げんざい》、銀山の跡地《あとち》は、立ち入り禁止《きんし》の場所が多く、ひっそりと静まりかえっている。さらに不気味な空気をかもしだしているのが、緑のコケでおおわれた墓石《はかいし》の群《む》れだ。共同墓地《きょうどうぼち》の墓石《はかいし》だけで、なんと3000基《き》におよぶ。

この墓石《はかいし》の群《む》れの下では、銀山で働いていた人《ひと》たちがねむっているという。しかし、江戸時代から放置されているため、くずれかけた墓石《はかいし》も多い。このような状態《じょうたい》では心霊現象《しんれいげんしょう》の報告《ほうこく》が絶《た》えないのも当然だ。

墓《はか》の現状《げんじょう》をなげいているのか、くずれた墓石《はかいし》を元にもどそうとする着物姿《きものすがた》の女《おんな》の幽霊《ゆうれい》が現《あらわ》れるそうだ。また、立ち入り禁止の場所へ向かおうとする作業着の男の幽霊《ゆうれい》も目撃《もくげき》されている。このとおり、かつて栄えた院内銀山《いんないぎんざん》はすたれてしまったものの、今では心霊《しんれい》スポットとして知られているのだ。

おびただしい数の墓石《はかいし》が並《なら》ぶ。江戸時代の年号が読みとれるものも少なくない。

目撃情報

墓石《はかいし》を元にもどそうとしている女性の幽霊《ゆうれい》から、怨念《おんねん》のこもった目でにらまれたという報告《ほうこく》も。

調査

ひんぱんな事故《じこ》の果て さまよう多くの霊《れい》

院内銀山《いんないぎんざん》は、昔はにぎやかな場所だった。その跡地《あとち》に幽霊《ゆうれい》が出るのはなぜだろうか。

まず考えられるのは、やはり墓地《ぼち》の存在《そんざい》だ。墓地《ぼち》は幽霊《ゆうれい》が出る場所としてよく知られる。

しかも、院内銀山《いんないぎんざん》の跡地《あとち》にある墓地《ぼち》は長らく放置されている。そのため、幽霊《ゆうれい》のたまり場になっているのだろう。

もう1つの理由は、大勢《おおぜい》の人《ひと》が事故《じこ》で亡《な》くなっていることだ。銀山では、ひんぱんに事故《じこ》が起きていたという。とくに銀の産出量が減《へ》ってきていた1850年ごろからは、産出量を増《ふ》やせという圧力《あつりょく》があったのか、死者の数が増加《ぞうか》。1906年に起きた火災《かさい》では、100人以上も亡《な》くなっている。

事故《じこ》によって突然《とつぜん》命をうばわれた人は、この世に未練を残していることが多い。そうした人の霊《れい》が成仏《じょうぶつ》できずに、さまよっているのかもしれない。

結果

可能性大《かのうせいだい》!

霊《れい》は存在《そんざい》するとみてよいだろうし、うらみを残した人もいそうだ。墓地《ぼち》は亡《な》くなった人が休む場。院内銀山《いんないぎんざん》のものにかぎったことではないが、たとえ放置されていても、むやみに立ち入るべきではない。

注目!

「御幸坑《みゆきこう》」とよばれる銀山への入口。この先は立ち入り禁止になっている。

あの世に
もっとも近い山

恐《おそれ》山《ざん》

死者の霊魂《れいこん》はお山に行《い》く

青森県の恐山《おそれざん》は「あの世にもっとも近い山」とされている。そのため、地元では「死んだらお山（恐山《おそれざん》）に行く」と言い伝えられてきた。

実際《じっさい》に、恐山《おそれざん》で、死者たちの霊《れい》がゆっくりと歩いていくようすを見たという人がいる。また、恐山《おそれざん》に向かう道中の冷水峠《ひやみずとうげ》でも母子の幽霊《ゆうれい》や、手をふる女の幽霊《ゆうれい》が現《あらわ》れるという。

たしかに、恐山《おそれざん》のあれはてた岩場は死後の世界を思わせる。そうした場所に死者のたましいが集まるのも不思議ではない。

DATA

TYPE 霊魂

危険度	★★
出現地	青森県むつ市田名部宇曽利山《したなぶうそりやま》
特徴	死者の霊魂《れいこん》が集まる霊山《れいざん》として知られ、道中や温泉での心霊現象《しんれいげんしょう》が報告《ほうこく》されている。

情報

死後の世界を思わせる風景

本州の一番北に位置し、「あの世にもっとも近い山」ともいわれる恐山《おそれざん》は、比叡山《ひえいざん》、高野山《こうやさん》と並《なら》ぶ日本三大霊山《にほんさんたいれいざん》の1つだ。霊山《れいざん》とは神が宿る山のこと。こうした山には神社や寺があることが多い。

恐山《おそれざん》にも寺がある。862年に、慈覚大師円仁《じかくだいしえんにん》という僧《そう》が、恐山《おそれざん》を修行《しゅぎょう》の場として開いたが、修行《しゅぎょう》におとずれる人が増《ふ》えていった結果、のちに菩提寺《ぼだいじ》という寺院の形をとった。この寺が現在《げんざい》も残っている。

恐山《おそれざん》は火山のため、菩提寺《ぼだいじ》の境内《けいだい》には温泉がわいている。周りはゴツゴツとした火山岩《かざんがん》でおおわれ、そこらじゅうから火山《かざん》性《せい》のガスがふき出していて、植物もほとんど育たない。まさに死後の世界のような風景が広がっている。

しかし、恐山《おそれざん》が「あの世にもっとも近い山」とされるのは、あれはてた風景のせいだけではなさそうだ。霊《れい》が出るのだ。たとえば菩提寺《ぼだいじ》の境内《けいだい》にある温泉浴場《おんせんよくじょう》では、だれもいないのに、ピチャ、ピチャ、とお湯を使う音が聞こえるそうだ。

この温泉だけにかぎらず、恐《おそれ》山《ざん》の周辺では、いたるところで幽霊《ゆうれい》の目撃情報《もくげきじょうほう》があがっている。また、恐山《おそれざん》に近づくと、体調が悪くなる人もいるという。

目撃情報

冷水峠《ひやみずとうげ》に水を飲みに来ている霊《れい》の姿《すがた》を見たという話も。

死者を供養《くよう》する場でもある菩提寺《ぼだいじ》。まるであの世との境目《さかいめ》にあるようだ。

死後の世界のような、あれはてた岩場の風景が広がっている。

調査

死者と生者が会って問題はないのか？

くり返しになってしまうが、恐山《おそれざん》をおとずれた人が頭痛《ずつう》をうったえたり、体調が悪くなったりするということがある。これは霊的《れいてき》なものではなく、火山《かざん》性《せい》のガスが原因《げんいん》という可能性《かのうせい》もある。心霊体験《しんれいたいけん》をしたという人も、火山性《かさんせい》のガスによってまぼろしを見たのかもしれない。

しかし、恐山《おそれざん》に死者の霊魂《れいこん》が集まることの否定《ひてい》にはならないだろう。菩提寺《ぼだいじ》の祭りには、イタコが集まるのだから。

イタコとは、死者の霊《れい》を呼《よ》び寄《よ》せる儀式《ぎしき》を行う女性のこと。「口寄《くちよ》せ」と呼《よ》ばれる儀式《ぎしき》で、死者に会いたいと願う人のために、死者のたましいを自分の体に乗《の》り移《うつ》らせ、死者からのメッセージを伝える。

イタコの口から語られる死者の言葉に、泣き出す人もいる。こうした儀式《ぎしき》を行う場所に霊《れい》が集まるのは、自然なことといえるだろう。

結果

要注意！

恐山《おそれざん》に集まるのは強いうらみを残して死んだ霊《れい》ではなさそうだ。そうした意味では安心なのだが、霊的《れいてき》なエネルギーが強い場所ということはたしかなので、あまり軽い気持ちで入山しないように。

注目！

菩提寺《ぼだいじ》の境内《けいだい》には死者をとむらうための風車が多数供《そな》えられている。

特集

女霊媒師《おんなれいばいし》「イタコ」の秘密《ひみつ》

イタコにより死《し》者《しゃ》の魂《たましい》が呼《よ》び寄《よ》せられる!?

人間と霊《れい》の間をとりもつ霊媒師《れいばいし》

幽霊《ゆうれい》と話をしたり、霊《れい》の力を使って敵《てき》と戦ったり……。マンガやアニメの世界では、そんな「霊媒師《れいばいし》」が活やくする。

霊媒師《れいばいし》は何も創作《そうさく》の世界だけの存《そん》在《ざい》ではない。実際《じっさい》の霊媒師《れいばいし》は、人間と霊《れい》の間をとりもつ者だ。たとえば「シャーマン」や「巫女《みこ》」がその代《だい》表格《ひょうかく》だろう。そして口寄《くちよ》せをする恐《おそれ》山《ざん》の「イタコ」も、霊媒師《れいばいし》の一種だ。口寄《くちよ》せとは、死者の魂《たましい》を自分の体に乗《の》り移《うつ》らせて、死者からのメッセージを伝える儀式《ぎしき》のことを指す。

恐山《おそれざん》では、菩提寺《ぼだいじ》の祭の日に、イタコがやってきて、一般人《いっぱんじん》を相手に口《くち》寄《よ》せを行う。

死者と話をしたいと願う人が、死者の名前や亡《な》くなった日をイタコに伝えると、イタコは呪文《じゅもん》を唱えて死者の魂《たましい》を自分に乗《の》り移《うつ》らせる。そして、死者の言葉を話し始めるのだ。

死者は、イタコの口を借りて、残された家族などへの思いを語る。「あの世で楽しく暮《く》らしているから、心配しなくていいよ」という死者の言葉を聞き、安心して泣き出してしまう人もいる。自分と死者しか知らないはずの話も口にしていたから、本人で間違《まちが》いない、と体験談を語る人もいる。

目の見えない女子の働き口でもあった

　イタコが恐山《おそれざん》で口寄《くちよ》せを行うのは菩提《ぼだい》寺の祭のときだけだ。では、日ごろは何をしているのだろう。修行《しゅぎょう》などにいそしんでいるのか？

　じつはイタコは、ふだんは街にいて、口寄《くちよ》せの儀式《ぎしき》だけでなく、「おはらい」も行う。おはらいとは、イヤなことが続けて起《お》こったり、悪い霊《れい》にとりつかれてしまったときなどに、正常な状態《じょうたい》にもどす儀式《ぎしき》のことだ。

　ほかにも、イタコは人々の幸せを願って、さまざまな儀式《ぎしき》を行う。また、占《うらな》いをすることもある。

　このようにイタコが活やくするようになったのは、江戸時代のこと。山で修行《しゅぎょう》をしていた人の妻《つま》が、呪術《じゅじゅつ》を覚えて弟子《でし》に伝えたのが始まりだといわれている。明治時代の初めには、東北に500人ものイタコがいたそうだ。

　そして、その多くは、目の見えない女性だった。東北では、目の見えない女の子がいると、若《わか》いうちからイタコになるための修行《しゅぎょう》をさせていたという。

　今は目が見えなくても、イタコだけでなく、さまざまな仕事につくことができる。また、医学が進んで、目の見えない人が少なくなった。そのため、イタコになる人は減《へ》ってしまった。

　しかし、今でも、恐山《おそれざん》には、死者と話がしたいという人たちがやってくる。イタコは、家族や友人を亡《な》くした人たちの悲しみをいやす大事な存在《そんざい》なのだ。

恐山《おそれざん》ふもとの、むつ市《し》市街地。昔はイタコが多くいたため、街なかにイタコの家を案内《あんない》する看板《かんばん》が立っていた。

関東地方

① 平将門《たいらのまさかど》の首塚《くびづか》 —— 44
② 大中寺《だいちゅうじ》・根《ね》なしの藤《ふじ》 —— 50
③ 道了堂跡《どうりょうどうあと》 —— 54
④ 於岩稲荷《おいわいなり》田宮神社《たみやじんじゃ》 —— 58
⑤ 佐波神社《さばじんじゃ》 —— 64
⑥ 千駄ヶ谷《せんだがや》トンネル —— 68
⑦ 腹切《はらき》りやぐら —— 72

栃木県
群馬県
2
茨城県
埼玉県
4
1
東京都
3
千葉県
神奈川県
5
7
6

1000年たっても消えないたたり
平《たいらの》将《まさ》門《かど》の首《くび》塚《づか》

首塚《くびづか》をこわした関係者14人が死亡《しぼう》

東京都大手町《おおてまち》に、940年に殺害《さつがい》された平安時代中期の武《ぶ》将《しょう》・平将門《たいらのまさかど》の首塚《くびづか》がある。将門《まさかど》の霊《れい》をしずめるため、石碑《せきひ》が設《もう》けられている。

明治時代に大手町に建てられた*大蔵省庁舎《おおくらしょうちょうしゃ》は、1923年の関東大震災《かんとうだいしんさい》で全焼。跡地《あとち》に仮《かり》庁舎《ちょうしゃ》がつくられたのだが、この際《さい》に将門《まさかど》の首塚《くびづか》がこわされた。すると、当時の大臣や工事関係者など14名が相次いで死亡《しぼう》し、「将門《まさかど》の首塚《くびづか》をこわしたことによる、たたりだ」というウワサが広まった。

※大蔵省《おおくらしょう》は財政《ざいせい》と金融《きんゆう》に関《かか》わる仕事を担当《たんとう》していた官庁《かんちょう》。現在《げんざい》の財務省《ざいむしょう》と金融庁《きんゆうちょう》。

DATA

TYPE 怨霊

危険度	★★★★★
出現地	東京都千代田区《ちよだく》
特　徴	平将門《たいらのまさかど》の首塚《くびづか》をこわそうとするたびに事故《じこ》が起《お》こり、「将門《まさかど》のたたり」と呼《よ》ばれている。

情報

うらみを抱《かか》えたまま眠《ねむ》った将門《まさかど》

平将門《たいらのまさかど》は桓武天皇《かんむてんのう》を先祖《せんぞ》にもつ桓武平氏《かんむへいし》の一族。931年ごろから関東で権力争いをくり広げていたが、やがて関東全域《かんとうぜんいき》を支配《しはい》し、「新皇《しんのう》（新しい天皇《てんのう》のこと）」と名乗ったため、天《てん》皇《のう》の敵《てき》とみなされた。関東周辺の多くの武士《ぶし》を従《したが》えたものの、反将門《はんまさかど》の軍勢《ぐんぜい》によって940年《ねん》にあえなく殺《ころ》されている。

この際《さい》、斬《き》りとられた将門《まさかど》の生首は、京都の都大路《みやこおおじ》で見せしめにされた。ところが、3日目の夜、生首は突如《とつじょ》として目《め》を見開き、胴体《どうたい》を求めて東の方角へと飛んでいったという。その生首が落ちた場所が、将門《まさかど》の首塚《くびづか》のある大手町周辺《おおてまちしゅうへん》だった。

以降《いこう》、周辺の住民は将門《まさかど》のたたりに苦しむことになったが、14世紀ごろに首塚《くびづか》が築《きず》かれ、付近の神田明神《かんだみょうじん》に将門《まさかど》を神としてまつったことで、ようやくたたりは落ち着いたのだと伝わっている。しかし、胴体《どうたい》を取りもどすことのできなかった将門《まさかど》の強いうらみは、果たして消《き》えたのだろうか……。

そして首塚《くびづか》をこわされ、たたき起こされたことに腹を立て工事関係者らを殺《ころ》し、自分をうやまわない者たちを病気にしたのだろうか。将門《まさかど》の首塚《くびづか》は、これからも大切に保存《ほぞん》するしか道はないのだ。

東京メトロ・都営《とえい》地下鉄《ちかてつ》大手町駅《おおてまちえき》のそばにある将門《まさかど》の首塚《くびづか》。かつては神田明神《かんだみょうじん》の境《けい》内《だい》だったが、1616年に神田明神《かんだみょうじん》は現在地《げんざいち》にうつった。

調査

1000年たっても たたりはある？

1927年に鎮魂碑《ちんこんひ》が再建《さいけん》され、翌年《よくねん》には慰霊祭《いれいさい》が行われた。しかし、不吉なできごとは止まらなかった。

将門没後《まさかどぼつご》1000年にあたる1940年、落雷《らくらい》により大蔵省《おおくらしょう》庁舎《ちょうしゃ》が全焼し、火は大手町《おおてまち》にまで広がった。重軽傷者《じゅうけいしょうしゃ》は100人を上回り、死者も出ている。

また、太平洋戦争《たいへいようせんそう》のあと、占《せん》領《りょう》されていた日本に対してさまざまな改革《かいかく》を行ったGHQ《ジーエイチキュー》（連《れん》合国軍《ごうこくぐん》最高《さいこう》司令官《しれいかん》総司令部《そうしれいぶ》）は大手町《おおてまち》の再開発を進めていた。そうした動きのなかで首塚《くびづか》の取りこわしが決まった。

しかし、いざ工事が始まろうというとき、重機が横転し、作業員2名が死亡《しぼう》するという事故《じこ》が起こった。将門《まさかど》のたたりをおそれた日本政府《にほんせいふ》が工事の中止を申し出、GHQ《ジーエイチキュー》は工事をやめたという。

結果 超《ちょう》あやしい！

首塚《くびづか》に手をつけた人たちにこれだけ不幸が続いていることを、偶然《ぐうぜん》で片《かた》づけるのは難《むずか》しいだろう。ただし、将門《まさかど》は厄《やく》よけの神としてもまつられていて、敬意《けいい》をもって接《せっ》すれば、利益《りえき》をあたえてくれるかもしれない。

目撃情報

将門《まさかど》の首塚《くびづか》を真正面から写真にとってはいけないという。実際《じっさい》に体調を崩《くず》したという人も少なくない。

さらされた将門《まさかど》の首《くび》を描《えが》いた『源《げん》氏一統志《じいっとうし》』の挿絵《さしえ》。（国立公文書《こくりつこうぶんしょ》館所蔵《かんしょぞう》）

特集

むごたらしい地獄《じごく》の刑罰《けいばつ》

死んだあともくり返されるむごい責《せ》め苦《く》に絶句《ぜっく》!

おかした罪《つみ》に応《おう》じた8つの地獄《じごく》

仏教《ぶっきょう》の教えでは、罪人《ざいにん》はおかした罪《つみ》の内容《ないよう》に応《おう》じて、死後、8つの地獄《じごく》のどこかに落ちることになる。等活《とうかつ》地獄《じごく》、黒縄《こくじょう》地獄《じごく》、衆合《しゅごう》地獄《じごく》、叫喚《きょうかん》地獄《じごく》、大叫喚《だいきょうかん》地獄《じごく》、焦熱《しょうねつ》地獄《じごく》、大集熱《だいしょうねつ》地獄《じごく》、阿鼻《あび》地獄《じごく》の8つだ。8地獄《じごく》には、さらにそれぞれ16の別処《べっしょ》（16小地獄《しょうじごく》）があるため、地獄《じごく》の種類は136にもおよぶ。

地獄《じごく》の光景や罪人《ざいにん》が受ける刑罰《けいばつ》を描《えが》いたものを「地獄絵《じごくえ》」という。平安時代後期から鎌倉時代に制作《せいさく》された『地獄草紙《じごくそうし》』や『北野天神縁起《きたのてんじんえんぎ》』などが有名だ。

東京国立博物館所蔵《とうきょうこくりつはくぶつかんしょぞう》の『地獄草紙《じごくそうし》』に描《えが》かれているのは、叫喚地獄《きょうかんじごく》に属《ぞく》する16小地獄《しょうじごく》のうち、剣林書《けんりんしょ》（雨炎火石《うえんかせき》）、雲火霧《うんかむ》、髪火流《ほっかる》、火末虫《かまっちゅう》の4つ。

剣林書《けんりんしょ》は、殺人《さつじん》や盗《ぬす》みを働いた者などが落ちる地獄《じごく》である。空から焼けた石が降《ふ》り注ぎ、大地に真っ赤な川が流れている。倒《たお》れた人の周りにただよう赤い炎《ほのお》が不気味だ。

雲火霧《うんかむ》は、僧侶《そうりょ》に酒を飲ませて酔《よ》わせ、それを見て笑った者が落ちる地獄《じごく》。鬼《おに》が罪人《ざいにん》を捕《つか》まえては投げこむ大きな炎《ほのお》が描《えが》かれている。

髪火流《ほっかる》は、他人に酒を与《あた》えて戒律《かいりつ》を破《やぶ》らせた者が落《お》ちる地獄《じごく》。犬に足をかまれ、ワシに脳天《のうてん》を破《やぶ》られ、キツネに内臓《ないぞう》を食われる男が描《えが》かれている。

火末虫《かまつちゅう》は、水で薄《うす》めた酒を売った者が落ちる地獄《じごく》。ウジ虫が罪人《ざいにん》の体を食《く》いつくそうとしている。

いずれの地獄《じごく》も強烈《きょうれつ》さは共通

奈良国立博物館所蔵《ならこくりつはくぶつかんしょぞう》の『地獄草紙《じごくそうし》』には、等活地獄《とうかつじごく》に属《ぞく》する16小地獄《しょうじごく》の屎糞所《しふんしょ》をはじめ、函量所《かんりょうしょ》、鶏地獄《けいじごく》、鉄磑所《てつがいしょ》、膿血所《のうけつしょ》などの地獄《じごく》が描《えが》かれている。屎糞所《しふんしょ》は、仏法《ぶっぽう》を軽《かろ》んじた者が落ちる地獄《じごく》。糞尿《ふんにょう》につかった罪人《ざいにん》たちが虫に食《く》われるようすは強烈《きょうれつ》だ。

函量所《かんりょうしょ》は、不当な利益《りえき》を得《え》た者が落ちる地獄《じごく》。三つ目の鬼《おに》に命じられ、煮《に》えたぎる鉄の容器《ようき》を素手《すで》で計量させられている。

鶏地獄《けいじごく》は、動物をいじめた者が落ちる地獄《じごく》。巨大《きょだい》なニワトリが、上から落ちてくる罪人《ざいにん》をクチバシから放つ炎《ほのお》で焼いている。

鉄磑所《てつがいしょ》は、盗人《ぬすっと》が落ちる地獄《じごく》だ。罪人《ざいにん》は臼《うす》でひかれて、粉々《こなごな》にされている。

膿血所《のうけつしょ》は、他人に汚《きたな》いものを食べさせた者が落ちる地獄《じごく》。巨大《きょだい》な虫に襲《おそ》われたのか、罪人《ざいにん》たちの顔がはれあがっている。

泣《な》き叫《さけ》んでも逃《に》げまどっても、地獄《じごく》の責《せ》め苦《く》に容赦《ようしゃ》などない。地獄絵《じごくえ》を見たすべての人《ひと》は「地獄《じごく》に落ちたくない」と心から願うことだろう。

『地獄草紙』

左は奈良国立博物館所蔵《ならこくりつはくぶつかんしょぞう》のもの。右上は東京国立博物館所蔵《とうきょうこくりつはくぶつかんしょぞう》のもの。（国立文化財機構所蔵品統合《こくりつぶんかざいきこうしょぞうひんとうごう》検索《けんさく》システムより掲載《けいさい》）

人食い住職《じゅうしょく》の霊《れい》が飛び回る

子どもの肉を食べて鬼《おに》になった住職《じゅうしょく》

栃木市《とちぎし》の大中寺《だいちゅうじ》には、その昔、死んだ子どもの肉を食べて鬼《おに》になった住職《じゅうしょく》がいた。その話を聞いた、快庵妙慶禅師《かいあんみょうけいぜんし》というえらい僧《そう》が住職《じゅうしょく》を退治《たいじ》し、退治《たいじ》に使った藤《ふじ》の木のツエを墓《はか》の代《か》わりとして地面に突《つ》き刺《さ》したところ、たちまち根《ね》が伸《の》び、大木に成長したのだという。

この藤《ふじ》は「根なしの藤《ふじ》」と呼《よ》ばれ、今でも大中寺《だいちゅうじ》に残っている。そして、伝え聞くところでは、住職《じゅうしょく》の霊《れい》が青い炎となり、藤《ふじ》の木の周りを飛び回ることがあるのだとか。

大《だい》中《ちゅう》寺《じ》・根《ね》なしの藤《ふじ》

DATA

TYPE 霊魂

危険度	★★
出現地	栃木県栃木市《とちぎし》
特　徴	子どもの肉を食べた住職《じゅうしょく》の霊《れい》が青い炎となって飛び回る。記念撮影《きねんさつえい》をすると霊《れい》が写る。

大中寺《だいちゅうじ》に残る「七不思議《ななふしぎ》」

根《ね》なしの藤《ふじ》が残《のこ》る大中寺《だいちゅうじ》は、1154年に開かれたという歴史ある寺だ。1489年に快庵《かいあん》が新しい住職《じゅうしょく》となり、以降《いこう》、とくに多くの信仰《しんこう》を集めた。

根《ね》なしの藤《ふじ》をふくむ「七不思議」が伝わる寺としても有名で、その舞台《ぶたい》となった場所が今でも残っている。七不思議とはいったものの、そのほとんどがどちらかといえば、怪談《かいだん》と呼《よ》んだほうがよさそうなものだ。

「不断《ふだん》のかまど」ではなかで修《しゅ》行僧《ぎょうそう》が眠《ねむ》ってしまい、次の日に見つけられないまま火がくべられた。命を落とした修行僧《しゅぎょうそう》が霊《れい》として現《あらわ》れ、「火さえついていたら」とこぼしたため、火を絶《た》やさないようになったという。

油を盗《ぬす》んでいた修行僧《しゅぎょうそう》がころがり落ちて死んだと伝わるのが「油坂《あぶらざか》」だ。縁起《えんぎ》が悪いとして使用禁止になり、今でも通ることはできない。

そのほかにも、自殺《じさつ》したり発狂《はっきょう》したりする人が続出した「不開《あかず》の雪隠《せっちん》」、首を斬《き》られた馬《うま》のいななきが聞こえる「馬首《うまくび》の井戸《いど》」、拍子木《ひょうしぎ》の音が1回だけ鳴ると寺に異変《いへん》が起こる「東山《ひがしやま》一口拍子木《ひとくちひょうしぎ》」、本堂《ほんどう》の一角にある座敷《ざしき》に泊《と》まると翌朝《よくあさ》には必ず頭と足の向きが逆《さか》さまになってしまう「枕返《まくらがえ》しの間《ま》」などの話が伝わっている。

目撃情報

藤《ふじ》の木の前で写真をとったところ、青い火が写っていたという報告《ほうこく》が後をたたない。

本堂《ほんどう》に通じる「油坂《あぶらざか》」は現《げん》在《ざい》も通れない。

「不開《あかず》の雪隠《せっちん》」。ここに入ると自殺《じさつ》する者が後をたたず、開かれなくなったという。

は
ものか？

わるところでは、快庵《かいあん》退治《じ》するまでに、あり経を読ませたりして改うとしていたようだ。う代わりとした藤《ふじ》の木木に成長したが、こされたことで住職《じゅうしょく》の魂《たましい》れたということなのか。

住職《じゅうしょく》の霊《れい》が青い炎《ほのお》と木の周りを飛《と》び回るのか？　快庵《かいあん》が鬼《おに》と鬼を退治《たいじ》する話は、別伝わっている。『雨月《うげつ》う江戸時代の小説には、「青頭巾《あおずきん》」という話が取り上げられている。これが快庵《かいあん》と住職《じゅうしょく》をモデルにしたもので、快《かい》庵《あん》は住職《じゅうしょく》をさとすときに、青い頭巾《ずきん》をかぶせたのだという。

青い頭巾《ずきん》は古くから僧《そう》の衣装《いしょう》とされている。住職《じゅうしょく》が青い炎《ほのお》として現《あらわ》れるのは、僧《そう》としての自分を取り戻したということの表《あらわ》れかもしれない。

結果

危険性《きけんせい》は低い

大中寺《だいちゅうじ》は近年では「パワースポット」としても人気。多くの不思議な伝説が集まるだけあり、特別な場所だということはたしかだが、おそろしいだけの場所ではなさそうだ。

注目！

大中寺《だいちゅうじ》の境内《けいだい》にある「根《ね》なしの藤《ふじ》」と呼《よ》ばれる藤《ふじ》の木。実際《じっさい》には根《ね》はあるようだ。

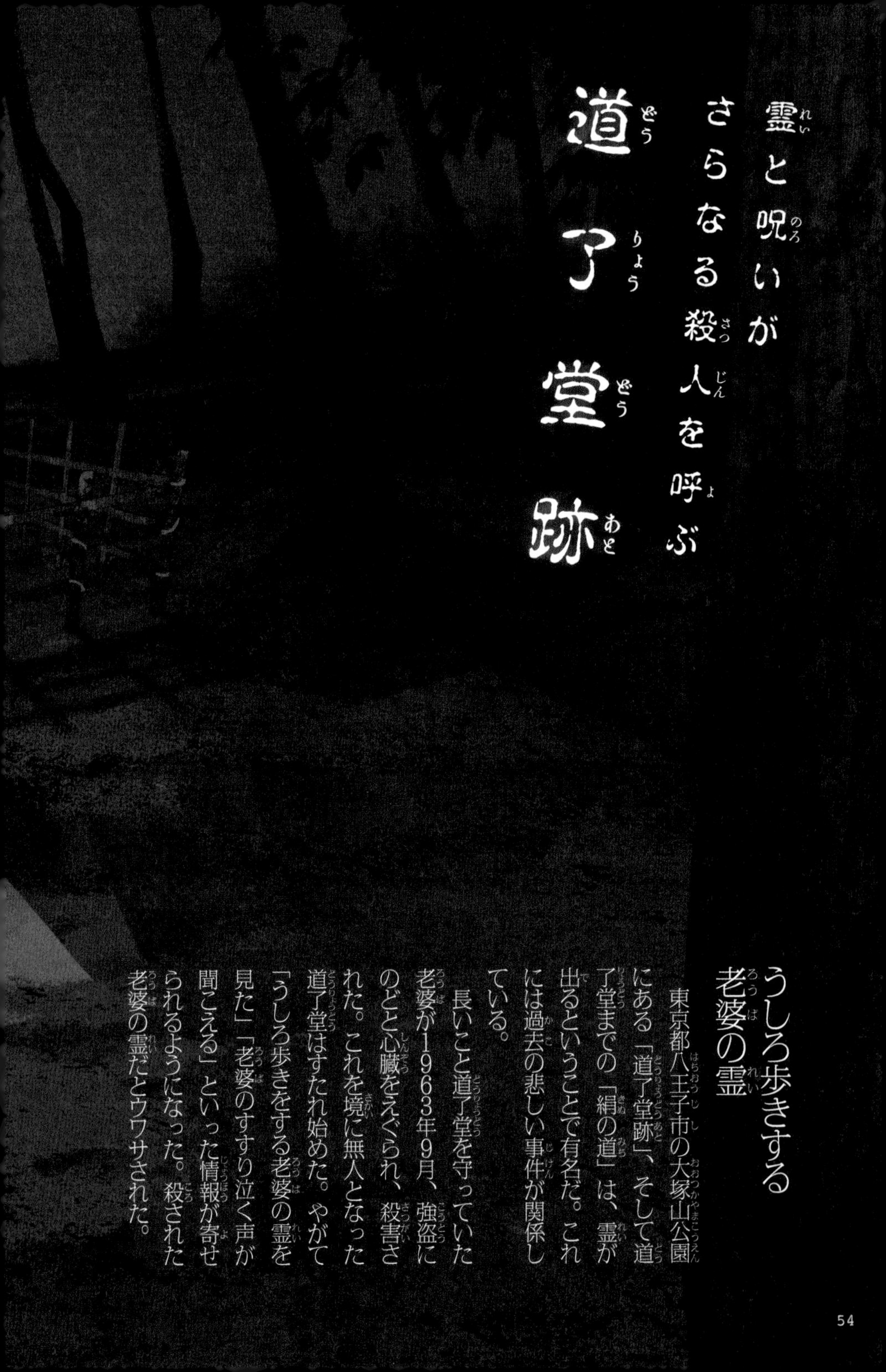

霊《れい》と呪《のろ》いがさらなる殺人《さつじん》を呼《よ》ぶ

道《どう》了《りょう》堂《どう》跡《あと》

うしろ歩きする老婆《ろうば》の霊《れい》

東京都八王子市《はちおうじし》の大塚山公園《おおつかやまこうえん》にある「道了堂跡《どうりょうどうあと》」、そして道《どう》了堂《りょうどう》までの「絹《きぬ》の道《みち》」は、霊《れい》が出《で》るということで有名だ。これには過去《かこ》の悲しい事件《じけん》が関係している。

長いこと道了堂《どうりょうどう》を守っていた老婆《ろうば》が1963年9月、強盗《こうとう》にのどと心臓《しんぞう》をえぐられ、殺害《さつがい》された。これを境《さかい》に無人となった道了堂《どうりょうどう》はすたれ始めた。やがて「うしろ歩きをする老婆《ろうば》の霊《れい》を見た」「老婆《ろうば》のすすり泣く声が聞こえる」といった情報《じょうほう》が寄《よ》せられるようになった。殺《ころ》された老婆《ろうば》の霊《れい》だとウワサされた。

DATA

TYPE 怨霊

危険度	★★★★
出現地	東京都八王子市《はちおうじし》
特　徴	殺人事件《さつじんじけん》の現場《げんば》となった道了堂跡《どうりょうどうあと》に幽霊《ゆうれい》が出《しゅつ》現《げん》。また、地蔵《じぞう》をこわした若者《わかもの》たちに不幸が起きた。

情報

ふたたび発生したむごたらしい殺人《さつじん》

19X3年、道了堂跡《どうりょうどうあと》からほど近いところにある、とある大学の院生《いんせい》K子さんが行方不明になるという事件《じけん》が起こった。警《けい》察《さつ》の捜査《そうさ》により、同じ大学で助《じょ》教授《きょうじゅ》（現在《げんざい》でいう准教授《じゅんきょうじゅ》）を務《つと》めていた男性が、教え子《こ》のK子さんを殺《ころ》したことが判明《はんめい》する。

しかし、事件発覚前に犯人の助教授は妻子と一家心中をはかっていた。犯人《はんにん》が死亡《しぼう》したために、K子さんの遺体《いたい》の場所はわからなくなってしまう。

K子さんが行方不明になってから223日後、道了堂跡《どうりょうどうあと》から2キロほど離《はな》れた場所にある緑地で、ミイラ化した遺体《いたい》が見つかった。このころから、大塚山《おおつかやま》公園一帯《こうえんいったい》が心霊《しんれい》スポットとして全国的にも知られるようになったという。

こうしたウワサもあってか、現在《げんざい》の絹《きぬ》の道《みち》は東京都内とは思えないほど静かだ。しかし、明治の中ごろに鉄道が発達するまでは、横浜《よこはま》の港に輸出用《ゆしゅつよう》の生《き》糸《いと》を運ぶ人々でにぎわっていた。こうした生糸《きいと》の取引で富を築《きず》いた商人たちが、道中の安全を願って建てたのが、この道了《どうりょう》堂《どう》だ。もともとにぎやかな場所だったからこそ、いまの閑散《かんさん》としたようすが、余計《よけい》にものさびしい印象《いんしょう》をあたえるのかもしれない。

注目！

広場のような場所に道《どう》了《りょう》堂《どう》の土台だけが残っている。

目撃情報

霊感《れいかん》の強い人がこの場所をおとずれると、気分が悪くなることもあるという。

調査

首なし地蔵《じぞう》による不届《ふとど》き者《もの》への制裁《せいさい》？

ご利益《りやく》があることで知られる寺だった道了堂《どうりょうどう》。無人となったことですたれてしまってはいるが、現在《げんざい》でもそのころから伝わる石碑《せきひ》や像が残されている。こうした石碑《せきひ》や像の一部に、人の手でこわされたらしい跡《あと》が残っている。また、老婆《ろうば》の死後も残っていたお堂《どう》が現存《げんそん》しないのは焼失《しょうしつ》したためで、不審火《ふしんび》が原《げん》因《いん》だったという。

ご利益《りやく》をあたえてくれる仏像《ぶつぞう》も、害《がい》を与《あた》える人間にはきびしい。道了堂跡《どうりょうどうあと》についても、たたりの話がささやかれている。

あるとき、心霊体験《しんれいたいけん》をするために道了堂跡《どうりょうどうあと》をおとずれた若者《わかもの》たちが、地蔵《じぞう》の首《くび》をこわしてしまった。するとその若者《わかもの》たちに不幸なことが起こったという。

それ以降《いこう》、「ふれると不幸になる。首なし地蔵《じぞう》の呪《のろ》いだ」とウワサされるようになった。現《げん》在《さい》、地蔵《じぞう》の首《くび》は修復《しゅうふく》されている。

結果

超《ちょう》あやしい！

罪《つみ》のない女性たちの死と、もともと寺だったという場所がらを考えると、気軽にきもだめしなどでおとずれてよい場所ではない。住宅地から離《はな》れた場所にあるため、何かあってもきっと助けは来ないだろう。

絹《きぬ》の道《みち》から道了堂跡《どうりょうどうあと》へ向かう分かれ道には、案内板《あんないばん》がある。

大塚山公園入口。うす暗く、石碑《せきひ》などが見られる。こわされたような跡《あと》もある。

DATA

TYPE 現象

危険度 ★★★

出現地 東京都新宿《しんじゅく》区《く》

特徴 舞台《ぶたい》などで『東海道《とうかいどう》四谷《よつや》怪談《かいだん》』に関わる際《さい》、参拝《さんぱい》しないと病気や事故《じこ》など不幸なことが起こる。

いまもうらみが残るのか 『四谷《よつや》怪談《かいだん》』のたたり

於《お》岩《いわ》稲荷《いなり》田《た》宮《みや》神《じん》社《じゃ》

お岩の家にあった神社が始まり

夫に殺《ころ》されたお岩が幽霊《ゆうれい》となって仕返しする歌舞伎《かぶき》作品《さくひん》『東海道四谷怪談《とうかいどうよつやかいだん》』は、怪談《かいだん》の代表格として知られる。この作品のモデルとなった、お岩という女性の実家・田宮家にまつられていた神社で、彼女も信仰《しんこう》していたとされるのが、於岩稲荷田宮神社《おいわいなりたみやじんじゃ》だ。

この神社には、今なお続く「四谷怪談《よつやかいだん》のたたり」のウワサがある。舞台《ぶたい》などで『東海道《とうかいどう》四谷怪談《よつやかいだん》』に関わる人が、参拝《さんぱい》しないでいると病気やケガにみまわれるというのだ。

参拝《さんぱい》しなかった講談《こうだん》師《し》が死亡《しぼう》

『東海道四谷怪談《とうかいどうよつやかいだん》』は歌舞伎作《かぶきさく》者《しゃ》の鶴屋南北《つるやなんぼく》が書いた作品で、最初の公演《こうえん》は1825年。この作品は大ヒットとなり、現在《げんざい》でもさまざまなメディアで演《えん》じられている。

田宮《たみや》伊《い》右衛《え》門《もん》という男が、浮《うわ》気相手《きあいて》と結ばれるために妻《つま》のお岩を毒殺《どくさつ》。うらみを晴らすために幽霊《ゆうれい》となったお岩が、伊《い》右衛《え》門《もん》の関係者をつぎつぎと呪《のろ》い殺《ころ》していく、というのが大まかなあらすじだ。現実《げんじつ》にあった事件《じけん》を元にしているという。

四谷怪談《よつやかいだん》のたたりがいつごろからささやかれていたのかは、定かではない。しかし、近年でもたたりといわれるような出来事が発生している。

『東海道四谷怪談《とうかいどうよつやかいだん》』を得意《とくい》とした講談師《こうだんし》（話術《わじゅつ》を芸とする人）、7代目一龍斎貞山《いちりゅうさいていざん》は、脳卒中《のうそっちゅう》で倒《たお》れ、その後《こ》亡《な》くなっている。彼は『東海道四谷怪談《とうかいどうよつやかいだん》』を得意《とくい》としながら、於岩稲荷《おいわいなり》への参拝《さんぱい》をしていなかったらしい。

また、『東海道四谷怪談《とうかいどうよつやかいだん》』が演《えん》じられた際《さい》、公演中《こうえんちゅう》にケガ人が続出した。さらに、その舞台《ぶたい》でお岩を演《えん》じた役者は、「白い着物を着た知らない女性が楽屋をうろついていた」と告白《こくはく》している。この公演《こうえん》でも、やはりスタッフが於岩稲荷《おいわいなり》に参拝《さんぱい》していなかったようだ。

目撃情報

『東海道四谷怪談《とうかいどうよつやかいだん》』の公演中《こうえんちゅう》、だれも出していないのに楽屋にたくさんのコップが並《なら》んでいたという。

東京メトロ丸《まる》の内線四谷三丁目駅《うちせんよつやさんちょうめえき》から徒歩約５分の場所にある於岩稲荷田宮神社《おいわいなりたみやじんじゃ》。

調査

お岩さんはたたるのか？

　このモデルになったとされる田宮夫婦《たみやふうふ》は実在《じつざい》する。ただし、実際《じっさい》の田宮夫婦《たみやふうふ》は仲がよく、お岩の助けもあって伊右衛門《いえもん》は出世したのだという。田宮神社は田宮家にまつられていた神社が始まりで、もともとはこうした夫婦円満《ふうふえんまん》のエピソードから信仰《しんこう》されるようになった。

　鶴屋南北《つるやなんぼく》がなぜこの実在《じつざい》の夫婦《ふうふ》を元《もと》に、事実とは真逆《まぎゃく》の愛憎劇《ぞうげき》を書いたのかは定《さだ》かではない。モデルは複数《ふくすう》いたと考えたほうがよいかもしれない。

　では、なぜたたりのようなことが起こるのだろうか？　事実と異《こと》なる内容《ないよう》を広められたことに対するいかりか、本当のモデルとなった人物がたたっているのか。あるいは、私たちがたたりをおそれるあまり、偶然《ぐうぜん》の事《じ》故《こ》や病気をたたりだと思いこんでいるだけなのかもしれない。

結果

要《よう》再《さい》調《ちょう》査《さ》……

実際《じっさい》のお岩が人をたたるような人物とは思えない。だが、たたりが存在《そんざい》しないと言い切ってよいものか。『東海道四谷怪談《とうかいどうよつやかいだん》』で書かれたような悪霊《あくりょう》とは切り離《はな》し、さまざまな角度からの再《さい》調査《ちょうさ》が必要だ。

『東海道四谷怪談《とうかいどうよつやかいだん》』を表現《ひょうげん》した江戸時代の浮世絵師《うきよえし》・歌川国芳《うたがわくによし》の『神谷伊《かみやい》右エ門《えもん》 於岩《おいわ》のばうこん』。多少気をつかったのか、名字は変えてあるようだ。

特集

受けつがれた日本三大怪談《にほんさんだいかいだん》

江戸時代から人の心をつかむ女の情念《じょうねん》

深夜に皿を数える亡霊《ぼうれい》 ふるえる「皿屋敷《さらやしき》」

『四谷怪談《よつやかいだん》』『皿屋敷《さらやしき》』『牡丹灯籠《ぼたんどうろう》』

幕末の浮世絵師《うきよえし》・月岡芳年作《つきおかよしとしさく》『新形三十六怪撰《しんけいさんじゅうろっかいせん》』より「皿やしき於菊乃霊《おきくのれい》」。

は「日本三大怪談《にほんさんだいかいだん》」と称《しょう》される。すべて江戸時代に広まった話だ。

60ページでも述《の》べたとおり、歌舞《かぶ》伎《き》作者《さくしゃ》・鶴屋南北《つるやなんぼく》の『東海道四谷怪《とうかいどうよつやかい》談《だん》』が江戸で初《はじ》めて上演《じょうえん》されたのは1825年のことだった。約200年たった現在《げんざい》でも、人々に恐怖《きょうふ》を与《あた》え続けている。

幽霊《ゆうれい》になって仕返しするお岩の気持ちに共感するいっぽうで、幽霊《ゆうれい》に追われる伊右衛門《いえもん》の恐怖心《きょうふしん》も理解《りかい》できるようなつくりになっている。だれの立場から見ても怖《こわ》い作品といえよう。

『皿屋敷《さらやしき》』は江戸時代に広まったウワサ話だ。事件《じけん》が起こる場所や主人公の立場などの設定《せってい》が異《こと》なるいくつかの話が伝わっており、123ページでふれる『播州皿屋敷《ばんしゅうさらやしき》』もその1つ。これらのなかで、もっともよく知られているのが、江戸を舞台《ぶたい》とした『番町皿屋敷《ばんちょうさらやしき》』だ。

青山播磨守主膳《あおやまはりまのかみしゅぜん》の屋敷《やしき》で働く16歳《さい》のお菊《きく》はある年の正月、青山家《か》の家宝《ほう》である10枚の皿のうち、1枚を割《わ》ってしまう。奥方《おくがた》と主膳《しゅぜん》は怒《いか》り、お菊《きく》の右手《みぎて》の中指を切り落とす。その後《あと》、縄で縛《しば》られ、狭《せま》い部屋に監禁《かんきん》されたお菊《きく》は部屋から抜《ぬ》け出《だ》し、井戸に身を投げてしまう。

やがて屋敷《やしき》では、深夜になると井戸からお菊《きく》の亡霊《ぼうれい》が現《あらわ》れて、「いちまーい、にまーい……」と皿を数えるようになる。その声は屋敷《やしき》じゅうに響《ひび》いたという。お菊《きく》の亡霊《ぼうれい》は9枚目を数え終わると、「1枚足りない……」と泣きさけんだそうだ。青山家はいつしか「皿屋敷《さらやしき》」と呼《よ》ばれるようになり、不幸な結末を迎《むか》える。

死した女が通う『牡丹灯籠《ぼたんどうろう》』

『牡丹灯籠《ぼたんどうろう》』は、落語の怪談噺《かいだんばなし》として広まったものだ。武士《ぶし》の新三郎《しんざぶろう》はあるとき、武家《ぶけ》の娘《むすめ》・お露《つゆ》と出会い、恋に落ちる。お露《つゆ》は夜な夜な牡丹灯籠《ぼたんどうろう》を下げて、新三郎《しんざぶろう》をたずねた。

ところが、新三郎《しんざぶろう》はどんどんやつれていくのだった。そのようすをあやしく感じた隣人《りんじん》の伴蔵《ともぞう》は、ある日《ひ》、新三郎《しんざぶろう》の部屋をのぞきこんだ。すると骨《ほね》と皮だけの女が、新三郎《しんざぶろう》の首にかじりついているではないか。じつは、お露《つゆ》はすでに亡《な》くなっており、新三郎《しんざぶろう》のもとに通っていたのは亡霊《ぼうれい》だったのだ。

日本三大怪談《にほんさんだいかいだん》はすでに古典といってよいものだろう。しかし、現代《げんだい》まで受けつがれ、私たちをも怖《こわ》がらせている。それだけ多くの人々の心を動かしてきたのだ。

月岡芳年《つきおかよしとし》が明治に描《えが》いた錦絵《にしきえ》『新形三十六《しんけいさんじゅうろっ》怪撰《かいせん》』より。灯籠《とうろう》を手《て》に歩く下女《げじょ》と、お露《つゆ》。

DATA

TYPE 呪《のろ》い

危険度	★★★★★
出現地	神奈川県藤沢市《ふじさわし》
特　徴	呪《のろ》いの儀式《ぎしき》に使われる３体のワラ人形が発見され、３人が死亡《しぼう》した。

関東地方

ワラ人形の儀式《ぎしき》で
憎《にく》む相手を呪《のろ》い殺《ころ》す

佐《さ》波《ば》神《じん》社《じゃ》

五寸釘《ごすんくぎ》が打たれた3体のワラ人形

19X8年X月、神奈川県藤《ふじ》沢《さわ》市《し》の佐《さ》波《ば》神《じん》社《じゃ》の境内《けいだい》で、世にもおそろしい人形が見つかった。桜の木や樫《かし》の木を背《せ》にし、五寸釘《ごすんくぎ》を頭《あたま》、胸《むね》、両足に打ちこまれた3体のワラ人形だ。

3体それぞれに、呪《のろ》いの対象《たいしょう》者《しゃ》とみられる名前を書いた紙片《しへん》がそえられていた。名前が書かれた3人は実在《じっさい》し、神社の近くに住む家族だったという。

その3人は無事だったが、親《しん》戚《せき》の3人が事故《じこ》で亡《な》くなっていた。この事件《じけん》は新聞や週刊誌《しゅうかんし》で大きく取り上げられた。

情報

古くから伝わる「丑《うし》の刻参《こくまい》り」

ここでは佐波神社《さばじんじゃ》での事件《じけん》を取り上げているが、ワラ人形と五寸釘《ごすんくぎ》を使《つか》った呪《のろ》いの儀式《ぎしき》「丑《うし》の刻参《こくまい》り」は、佐波神社《さばじんじゃ》にかぎったものではない。丑《うし》の刻《こく》（午前1～3時ごろ）に、憎《にく》い相手に見立てたワラ人形を神社の木に五寸釘《ごすんくぎ》で打ちつけながら呪《のろ》いの言葉をとなえる。呪《のろ》いによって、相手を殺《ころ》すことすらできるという。

この儀式《ぎしき》には注意すべき点がある。ワラ人形に釘《くぎ》を打ちこんでいる姿《すがた》をだれかに見られてしまうと、その呪《のろ》いが自分に返ってくるということだ。だから、真夜中に、目立たぬようにこっそりと行わなければならないのだ。

丑《うし》の刻参《こくまい》りは、平安時代に現在《げんざい》の京都市の貴船神社《きふねじんじゃ》（67、108ページ）で始まったといわれている。ただし人形を使った呪《のろ》いの儀式《ぎしき》はさらに古く、奈良時代以前からあったようだ。

佐波神社《さばじんじゃ》では、この事件《じけん》以《い》降《こう》、効果《こうか》があると考えられたのか、木に打ちつけられたワラ人形が何度か見つかっている。つまり、だれかが深夜に呪《のろ》いの言葉を発してワラ人形に五寸釘《ごすんくぎ》を打ちこんでいたということだ。こわいのはこの神社ではなく、だれかを呪《のろ》い殺《ころ》そうとする人の姿《すがた》だろう。

目撃情報

佐波神社《さばじんじゃ》ではその後、くり返し木に打ちつけられたワラ人形が発見されている。

源《みなもとの》義朝《よしとも》をまつる佐波神《さばじん》社《じゃ》。拝殿《はいでん》の背後《はいご》に鎮守《ちんじゅ》の森が広がる。

調査

呪《のろ》いに人を殺《ころ》すほどの力があるか

佐波《さは》神社《じんじゃ》の事件《じけん》の場合、呪《のろ》われた人の身近で亡《な》くなった人がいるわけだが、それでも丑《うし》の刻《こく》参《まい》りの儀式《ぎしき》との関連性を証明《しょうめい》するのは難《むずか》しいだろう。しかし、この呪《のろ》いの儀式《ぎしき》が1000年以上も続《つづ》いているのは、呪《のろ》いの効果を確信《かくしん》している人が少なからずいるからなのではないか。

呪《のろ》いは日本の神々と深く関わる。日本の始まりについて書かれた神話『日本書紀《にほんしょき》』『古事記《こじき》』にも磐長姫《いわながひめ》が木花開耶姫《このはなさくやひめ》を呪《のろ》ったという話がある。また、奈良時代には長屋王《ながやおう》など、呪《のろ》いを行ったことを理由に処罰《しょばつ》された貴族《きぞく》の記録も残る。明治時代には丑《うし》の刻参《こくまい》りは明確《めいかく》に法律《ほうりつ》で禁止されていた。

長らく、呪《のろ》いは現実的《げんじつてき》な脅威《きょうい》だったのだ。科学によってわたしたちは世界を知った気になっている。だが果たして、存在《そんざい》を証明《しょうめい》できないから、ないと言い切ってよいものだろうか。

結果

かなり危険《きけん》！

丑《うし》の刻参《こくまい》りは、非常《ひじょう》に長い歴史をもつ呪《のろ》いの儀式《ぎしき》。危険《きけん》なものであることはまちがいないだろう。本当に効果《こうか》があるか気になったとしても、絶対《ぜったい》に行ってはならない。

貴船神社《きふねじんじゃ》。まつる神様が丑年丑月丑日丑刻《うしどしうしづきうしにちうしのこく》に降臨《こうりん》したと伝わり、願いがかないやすい日時《にちじ》とされる。

とある神社に残《のこ》る五寸釘《ごすんくぎ》のあと。

千《せん》駄《だ》ヶ《が》谷《や》トンネル

霊《れい》が出るのも当然
墓地《ぼち》の下なのだから

東京都渋谷区《しぶやく》の台地にある仙《さん》寿院《じゅいん》は、徳川家《とくがわけ》ゆかりの寺だ。その墓地《ぼち》の下を通る千駄ヶ谷《せんだがや》トンネルは、心霊《しんれい》スポットとしてよく知られている。

全長61メートル、道路幅《どうろはば》20メートル。車で走ると10秒ほどで通り過《す》ぎてしまうにもかかわらず、女性の幽霊《ゆうれい》の目撃情報《もくげきじょうほう》が多い。ある人は「白いワンピースを着た長い髪《かみ》の女の幽霊《ゆうれい》が四つんばいになって片手《かたて》をあげていた」と話す。「車の前を突然《とつぜん》、子連れの女性の幽霊《ゆうれい》が横切った」という証言《しょうげん》もある。

DATA

TYPE 霊魂

危険度 ★★★

出現地 東京都渋谷区《しぶやく》

特徴 トンネルの中で女性の幽霊《ゆうれい》が目撃《もくげき》されているほか、壁《かべ》から手《て》が伸《の》びてきたという証言《しょうげん》もある。

女の幽《ゆう》霊《れい》が 天井から落ちてくる

情報

壁《かべ》からスーッと伸《の》びてくる手《て》

日本が急激《きゅうげき》に発展《はってん》しているなか、1964年のオリンピック開催《かいさい》を目指して東京は大きく姿《すがた》を変えていった。千駄ヶ谷《せんだがや》トンネルの開通も、1964年3月のこと。千駄ヶ谷《せんだがや》周辺《しゅうへん》には、国《こく》立競技場《りっきょうぎじょう》や東京体育館などのオリンピックで使われる予定の施《し》設《せつ》が複数《ふくすう》あったため、とくに開発が急がれていた。

千駄ヶ谷《せんだがや》トンネルでも、オリンピックに間に合わせるため、工事ではかなりの無茶もしたようだ。上にある墓地《ぼち》をいったん撤去《てっきょ》し、トンネルをつくったあとにもどしたのだという。

仙寿院《せんじゅいん》は非常《ひじょう》に由緒《ゆいしょ》ある寺だ。簡単《かんたん》に移動《いどう》に応《おう》じるはずもない。しかし時間もないということで、このような無理な工事が行われた。こうした墓地《ぼち》で死者の眠《ねむ》りを妨《さまた》げるような方法で誕生《たんじょう》したトンネルで心霊現象《しんれいげんしょう》が発生するのは、もはや当然という気すらする。

このトンネルで目撃《もくげき》される女性の幽霊《ゆうれい》のなかには、トンネルの天井からまるでコウモリのように逆《さか》さまにぶらさがる者もいるという。しかも、その下を通るとき、幽霊《ゆうれい》が車のボンネットにドカッと落ちてくるというではないか……。おかしなことに車に傷《きず》はつかず、女性の幽霊《ゆうれい》は消えていなくなるという。

目撃情報

「雨の日にだけ天井の壁《かべ》のシミが女性の顔に見える」「壁《かべ》から手《て》が伸《の》びてきた」など証言《しょうげん》が多数。

仙寿院交差点《せんじゅいんこうさてん》と神宮前二丁《じんぐうまえにちょう》目《め》交差点《こうさてん》の間に位置する千《せん》駄ヶ谷《だがや》トンネル。

調査

墓地《ぼち》にすむ霊《れい》が車の騒音《そうおん》に抗議《こうぎ》か？

千駄ヶ谷《せんだがや》周辺《しゅうへん》は東京とは思えないくらいに緑の多い一角だ。それでも都心から渋谷《しぶや》に抜《ぬ》けるルートとなる千駄ヶ谷《せんだがや》トンネルの交通量は非常《ひじょう》に多い。仙寿院《せんじゅいん》で眠《ねむ》る霊《れい》たちにとっては休まるような環境《かんきょう》ではないのかもしれない。

千駄ヶ谷《せんだがや》では霊《れい》の目撃報告《もくげきほうこく》は多いものの、命をうばわれたという話は聞かない。車の騒音《そうおん》に対して霊《れい》たちが、「静かにしてくれ」とうったえているのではないだろうか。由緒《ゆいしょ》ある仙寿院《せんじゅいん》には、江戸時代にとむらわれた人たちの霊《れい》も多数いるわけだから、車社会《くるましゃかい》には慣《な》れていないはずだ。

トンネルの環境的《かんきょうてき》にも完成から60年がたち、傷《いた》みが目立っている。雰囲気《ふんいき》だけでもこわい場所だ。幽霊《ゆうれい》が苦手な人は、千《せん》駄ヶ谷《だがや》トンネルを通らないようにしたほうがよい。これが一番安全だろう。

結果

要再調査《ようさいちょうさ》…

車と徒歩で千駄ヶ谷《せんだがや》トンネルを往復《おうふく》したが、この日、幽霊《ゆうれい》は現《あらわ》れなかった。しかし、場所の歴史を考えると、霊《れい》が出現《しゅつげん》しそうではある。また日時《にちじ》や条件《じょうけん》を変えて試したい。

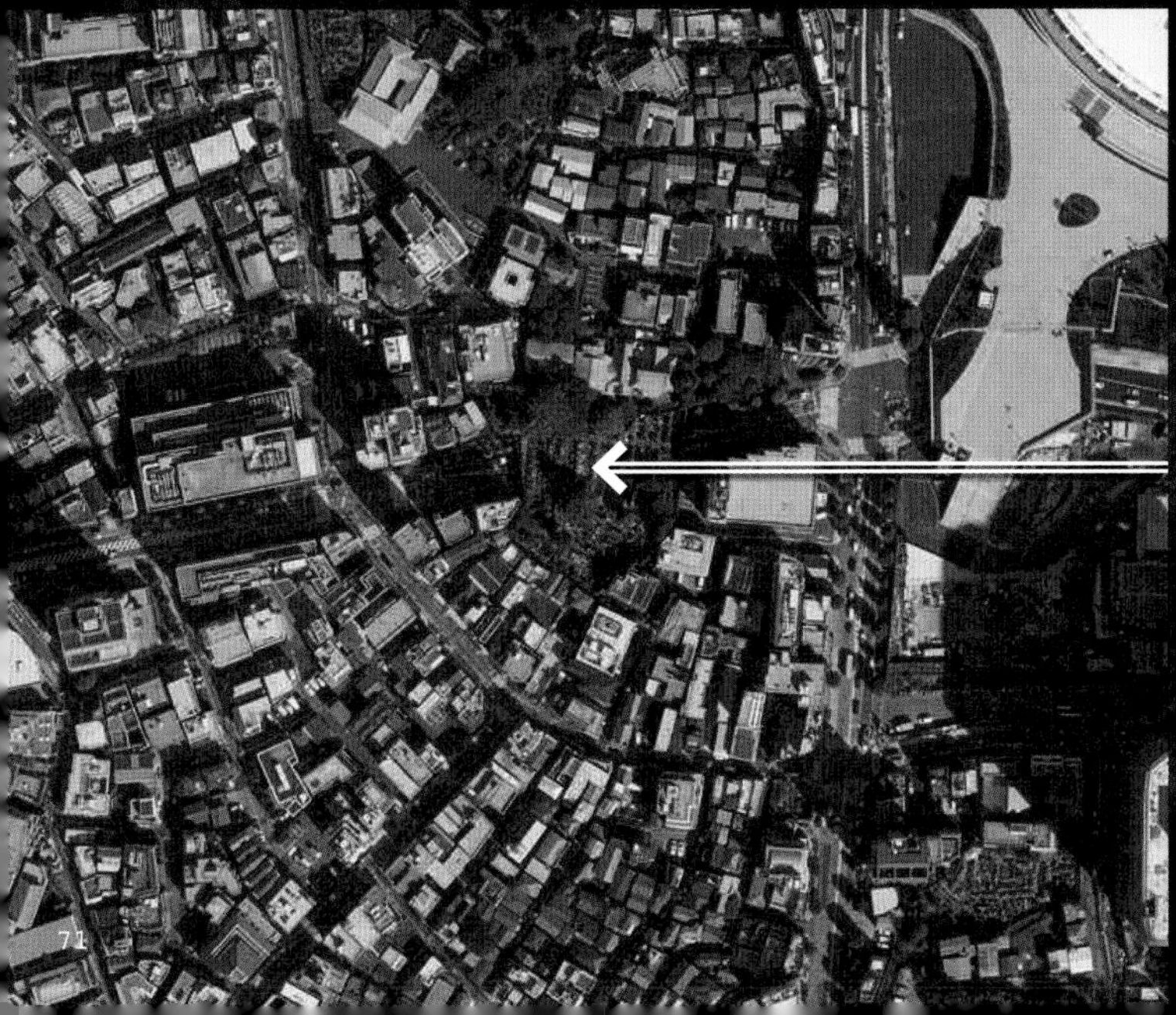

注目！

千駄ヶ谷《せんだがや》トンネル

千駄ヶ谷《せんだがや》2丁目《ちょうめ》あたりの空撮《くうさつ》。トンネルの上《うえ》に墓《はか》があるのがわかる。

DATA

TYPE 霊魂

危険度	★★★★
出現地	神奈川県鎌倉市《かまくらし》
特　徴	北条一族《ほうじょういちぞく》が集団自決《しゅうだんじけつ》をした東勝寺跡《とうしょうじあと》の「腹切《はらき》りやぐら」に武士《ぶし》の幽霊《ゆうれい》が現《あらわ》れる。

關東地方

腹《はら》切《き》りやぐら

なかをのぞくと首を斬《き》られる!?

北条一族《ほうじょういちぞく》と家来が自決した霊処浄域《れいしょじょういき》

1333年、新田義貞《にったよしさだ》の鎌倉《かまくら》攻《ぜ》めにあい、北条高時《ほうじょうたかとき》ひきいる北条一族《ほうじょういちぞく》は、鎌倉《かまくら》にある東勝寺《とうしょうじ》ににげこんだ。そこで負《ま》けを認《みと》め、870人の家来とともに自決したのだった。

東勝寺跡《とうしょうじあと》は、宝戒寺《ほうかいじ》の裏《うら》にある橋を渡ったあたりに位置する。さらに先に進めば山道に入り、こんな案内版《あんないばん》があらわれる。「腹切《はらき》りやぐら　霊処浄域《れいしょじょういき》につき参拝以外《さんぱいいがい》の立ち入りを禁ず」。この腹切りやぐらこそ、北条一族《ほうじょういちぞく》自決の場所。現在《げんざい》は宝《ほう》戒寺《かいじ》の所有地となっている。

北条一族《ほうじょういちぞく》の霊《れい》をなぐさめる伝承地《でんしょうち》

宝戒寺《ほうかいじ》は、ひどい死に方をした北条一族《ほうじょういちぞく》の霊《れい》をなぐさめるために、後醍醐天皇《ごだいごてんのう》の命令で足利《あしかが》尊氏《たかうじ》が建てた寺だ。もともとは北条一族《ほうじょういちぞく》の屋敷《やしき》があった場所だった。北条一族《ほうじょういちぞく》がにげこんだ東勝寺《とうしょうじ》は、このとき全焼するが再建《さいけん》されて、しばらくは存続《そんぞく》しており、北条一族《ほうじょういちぞく》の供養《くよう》をしていたようだ。しかし江戸時代以前には廃寺《はいじ》になっていた。自決した北条高時《ほうじょうたかとき》の生首は、しばらくの間、腹切《はらき》りやぐらにまつられたという伝承《でんしょう》もある。

かつては、実際《じっさい》に腹切《はらき》りやぐらのそばまで行くことができた。しかし、現在《げんざい》は落石の危険《きけん》があるため、立《た》ち入《い》りは禁止されている。

この周辺では、武士《ぶし》の幽霊《ゆうれい》が目撃《もくげき》されているほか、参拝者《さんぱいしゃ》が撮《と》った写真に光る玉が写ることもあった。また、突然《とつぜん》気分が悪くなる人も多くいたという。こうしたことから、東勝寺跡《とうしょうじあと》はいつの間にか心霊《しんれい》スポットと呼《よ》ばれるようになっていた。

そのいっぽうで「肝試《きもだめ》し気分でたずねるとたたりがある」というウワサも広まっていった。もっともインパクトがあったのは、「おがまずにやぐらをのぞきこむと首を斬《き》られる」というウワサだった。

目撃情報

「落武者《おちむしゃ》の霊《れい》を見た」「写真に光る玉が写った」というウワサがある。

注目！

東勝寺跡《とうしょうじあと》の碑《ひ》。北条《ほうじょう》一族《いちぞく》が自決した場所であることが記されている。この奥《おく》に腹切《はらき》りやぐらがあるが、近寄《ちかよ》ることはできない。

調査

鎌倉幕府滅亡《かまくらばくふめつぼう》の地 今もうらみが残る？

東勝寺《とうしょうじ》に伝わっているところでは、寺で亡《な》くなった人々は、その後、少しはなれた釈迦堂《しゃかどう》ヶ《が》谷《やつ》にほうむられたのだという。発掘調査《はっくつちょうさ》によって、こちらからは武者《むしゃ》のものらしき人骨《じんこつ》が見つかっている。少なくとも、この辺りで北条一族《ほうじょういちぞく》がこの世《よ》を去ったという伝承《でんしょう》は、信ぴょう性が高いだろう。

現地《げんち》まではたどり着けないが、周辺はあきらかに空気《くうき》がちがう。特別な場所であることはたしかだ。腹切《はらき》りやぐらは870もの人々の命が消えた場所だ。肝試《きもだめ》しでちゃかすようなことは控《ひか》えたい。

またこの場所は、心霊《しんれい》スポットであると同時に、鎌倉幕府《かまくらばくふ》が滅《ほろ》んだ場所でもある。歴史上とても意味のある場所だ。おとずれることがあれば、こわがるばかりではなく、史跡《しせき》としてはるかな歴史に思いをはせる時間としてはどうだろうか。

結果

可能性大《かのうせいだい》！

首を斬《き》られるというのはさすがに大げさかもしれないが、好奇《こうき》心《しん》でおとずれるのはやめたほうがよいだろう。おとずれるなら、きちんと参拝《さんぱい》をしに行くことをおすすめする。

東勝寺《とうしょうじ》は北条一族《ほうじょういちぞく》の氏寺《うじでら》だった。現在《げんざい》は史跡《しせき》として管理されている。

特集

謎《なぞ》が深まるUFO《ユーフォー》とUMA《ユーマ》

わたしたちのそばでうごめく正体不明の存在《そんざい》たち

鳥山石燕作《とりやませきえんさく》『画《が》図《ず》百《ひゃっ》鬼《き》夜《や》行《こう》』（1776年《ねん》、国立国会図書館所蔵）より。

昔から日本周辺を飛行していたUFO

日本でＵＦＯ（未《み》確《かく》認《にん》飛《ひ》行《こう》物《ぶっ》体《たい》）が最初に話題になったのは、1970年代半ばのこと。ＵＦＯをはじめ超能力《ちょうのうりょく》や超常現象《ちょうじょうげんしょう》、ＵＭＡ（未《み》確《かく》認《にん》動《どう》物《ぶつ》）などが流行し、オカルトブームが起こった。

じつはＵＦＯは、江戸時代から日本各地で目撃《もくげき》されていたようだ。現《げん》在《ざい》の石川県《いしかわけん》羽咋市《はくいし》あたりで、不気味な光を放ちながら群れて移動《いどう》する物体を見たという記録が残っている。この未《み》確《かく》認《にん》飛《ひ》行《こう》物《ぶっ》体《たい》は「そうはちぼん」と呼《よ》ばれていた。

また、茨城県には、江戸時代に南部の海岸に円盤《えんばん》のような乗り物が漂《ひょう》着《ちゃく》したという伝承《でんしょう》が残っている。しかも驚《おどろ》くべきことに、その乗り物の中から見慣《みな》れぬ服装《ふくそう》の美女が現《あらわ》れたという。この乗り物は「うつろ舟《ぶね》」と名づけられ、その逸話《いつわ》は、読本作《よみほんさく》者《しゃ》の曲亭馬琴《きょくていばきん》が編集《へんしゅう》した『兎園小《とえんしょう》説《せつ》』に「虚舟《うつろぶね》の蛮女《ばんじょ》」の題名で記されている。

現代《げんだい》に入っても、全国でＵＦＯの目撃情報《もくげきじょうほう》が報告《ほうこく》されている。それを受けて1955年には「日本空飛《にほんそらと》ぶ円盤研究会《えんばんけんきゅうかい》」が発足し、作家の三島《みしま》由紀夫《ゆきお》や石原慎太郎《いしはらしんたろう》などの有名人も多く参加した。こうしてＵＦＯブームができあがっていったのだ。

カッパやツチノコなど日本を代表するUMA

UMAとは、伝聞や目撃情報《もくげきじょうほう》はあるが、存在《そんざい》が確認《かくにん》されていない動物のことを指す。日本に存在《そんざい》するといわれるもっとも有名なUMAといえばカッパだろう。

妖怪《ようかい》との区別はあいまいだが、現《げん》代《だい》でも「川で泳いでいる子《こ》どもの足をひっぱった」「キュウリをかじっていた」など、全国各地で多くの目《もく》撃情報《げきじょうほう》がある。

伝承《でんしょう》や目撃情報《もくげきじょうほう》から推測《すいそく》すると生息地は沼や川。体長は50センチ〜2メートルと幅《はば》が広い。顔はカエルに似《に》ているが、大きなクチバシがあり、頭頂部《とうちょうぶ》には皿がある。また、背《せ》中《なか》と腹部《ふくぶ》にカメのこうらのようなものがある。

ブームとなったUMAもいる。ヘビに似《に》た幻《まぼろし》の動物「ツチノコ」だ。体長は30〜80センチ。頭は三角形で胴《どう》の中央部がふくらんでいる。しっぽは細くて短い。コブラのように垂《すい》直《ちょく》に立つことができる。

目撃情報《もくげきじょうほう》が相次いだことから、1970年代半ばにツチノコブームが起こった。しかし、現在《げんざい》までにつかまえたという情報《じょうほう》はない。

このほかに北海道屈斜路湖《くっしゃろこ》で目《もく》撃《げき》されたという首長竜《くびながりゅう》のような生物「クッシー」も有名だ。最初に撮影《さつえい》されたのは1973年。以降《いこう》、何度も目撃《もくげき》されてきた。ところが、2000年以降《いこう》、目撃報告《もくげきほうこく》はなく、一部では全滅《ぜんめつ》したのではないかと考えられている。

うつろ舟

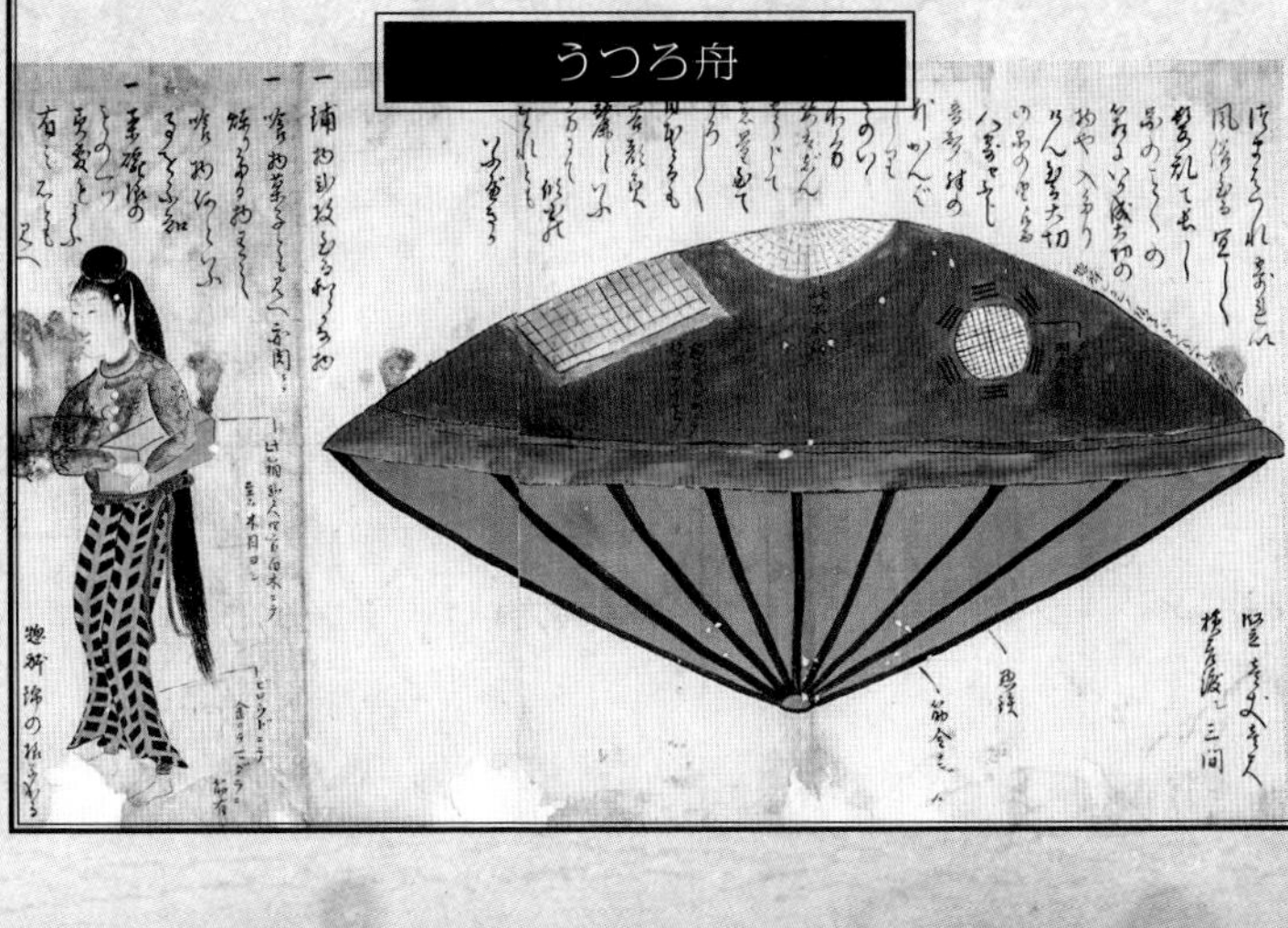

江戸時代に茨城《いばらき》県沖《けんおき》に漂着《ひょうちゃく》したとされる「うつろ舟《ぶね》」を紹介《しょうかい》した絵。（『漂流記集《ひょうりゅうきしゅう》』より）

中部地方

① 口《くち》裂《さ》け女《おんな》 —— 80
② 花魁淵《おいらんぶち》 —— 86
③ 東海道《とうかいどう》の古戦場《こせんじょう》 —— 90
④ 佐渡島《さどしま》・賽《さい》の河原《かわら》 —— 94
⑤ 東尋坊《とうじんぼう》 —— 100

④
新潟県
富山県
石川県
⑤
長野県
福井県
岐阜県
①
②
山梨県
③
愛知県
静岡県

「ワタシ……キレイ？」
答えてはいけない

口《くち》裂《さ》け女《おんな》

DATA

TYPE 怪人

危険度	★
出現地	岐《ぎ》阜《ふ》県《けん》から全国各地
特　徴	季節を問わず、赤いコートを着てマスクをしている。マスクの下《した》は、口が耳まで裂《さ》けた恐《おそ》ろしい顔をしている。

美しさへの執着《しゅうちゃく》 口が裂《さ》けた怪人《かいじん》

「ワタシ……、キレイ？」きみは突然《とつぜん》女の人に声をかけられる。振《ふ》り向《む》けば、赤いコートを着た髪《かみ》の長い女性がひとり。

その女性にきみは正直に答える。「キレイだよ」と。すると女は着けていたマスクを外し、再《さい》度《ど》聞いてくるだろう。「これでも？」。きみはきっと女の素《す》顔《かお》を見て叫《さけ》び声《こえ》を上げる。

口が耳まで裂《さ》けた顔。まさに化け物の姿だからだ。けれどもきみは命拾いした。なぜなら、「キレイじゃない」と答えると斬《き》り殺《ころ》されてしまうからだ。

東海地方が激震《げきしん》
口裂《くちさ》け女《おんな》の正体

口裂《くちさ》け女《おんな》を有名にしたのは、1979年1月22日の夕刊紙『名古屋タイムズ』に掲載《けいさい》された記事だった。「〝口裂《くちさ》け女《おんな》〟が出たあ!!　岐阜を震源《しんげん》に大流行中」と大々的に見出しが打たれている。そこには夜間外出禁止令《やかんがいしゅつきんしれい》の文字も。

同月26日には『岐阜日日新聞《ぎふにちにちしんぶん》』（現在《げんざい》の岐阜新聞）でも「口裂《くちさ》け女《おんな》」についての記事が掲載《けいさい》された。『名古屋タイムズ』は芸能《げいのう》やスポーツなどの記事を中心に掲載《けいさい》するいわゆる大衆《たいしゅう》紙《し》だが、『岐阜日日新聞《ぎふにちにちしんぶん》』はかたい情報《じょうほう》も取《と》りあつかう地方紙だった。これをきっかけに、口《くち》裂《さ》け女《おんな》は日本中を恐怖《きょうふ》におとしいれた。学校では集団下校《しゅうだんげこう》が行われるなどパニック状態《じょうたい》におちいった。警察《けいさつ》が出動する事態《じたい》に発展《はってん》した都道府県もあった。

その正体については、諸説《しょせつ》ある。たとえば、遊郭《ゆうかく》（女性が武士などの裕福な人を接待した場所。まずしさから売られた例も多い）の女が元になったのではないか、という説が知られる。『絵本小雨時雨《えほんさよしぐれ》』という江戸時代の書物に、吉原《よしわら》の遊郭《ゆうかく》に口の裂《さ》けた女がいたという記述《きじゅつ》が残っているのだ。彼女《かのじょ》は、長い間人間に対して恨《うら》みを抱《いだ》いて、いまも人間をおそう機会をうかがっているのかもしれない。

〝口裂け女〟が出たあ!!

岐阜を震源に大流行中

山本陽子のそっくりサン

夜間外出禁止令も

怪情報乱れ飛

初出といわれている『名古屋タイムズ』の新聞記事。山本陽子というのは、当時人気だった俳優のことだ。

目撃情報

お香の香りがした、巨大《きょだい》なハサミをもっているなどさまざまな目撃《もくげき》情報《じょうほう》が報告《ほうこく》された。

口裂《くちさ》け女《おんな》の弱点は「ポマード」!

口裂《くちさ》け女《おんな》に出会ってしまったら最後……、と思いきや、彼女にも弱点がある。それは「ポマード」という男の人が使う整髪料《せいはつりょう》だ。

口裂《くちさ》け女《おんな》は、「ポマード」と3回唱えると消えるのだという。この根拠《こんきょ》は定かではないが、口裂《くちさ》け女《おんな》の口が裂《さ》けた原因《げんいん》の男性が、ポマードを使っていたからだといわれている。

口裂《くちさ》け女《おんな》の正体について知《し》られている説の1つに、整形手術《せいけいしゅじゅつ》に失敗した女性の悪霊《あくりょう》だというものがある。この説が正しいなら、医師《いし》がポマードを使っていたというのはありそうな話だ。自分を傷《きず》つけた男に対して、かなりの恨《うら》みをもっているので、言葉を聞くだけで消えてしまうのだ。口に出すことができない場合でも、ポマードと手に書いて見せる、ポマードのビンを投げつけるなどの対処法《たいしょほう》もあると語られていた。

また、好物はベッコウアメだといわれている。ベッコウアメを差し出すと、おとなしくなって帰るというウワサだ。

美しさに固執《こしつ》し、みんなに認《みと》められたいと思っているらしい口裂《くちさ》け女《おんな》。好きキライもはげしいようだ。怨霊《おんりょう》でありながら、なんとも人間らしい一面をもっている。

速水春暁斎《はやみしゅんきょうさい》『絵《え》本《ほん》小夜時雨《さよしぐれ》』より「吉原《よしわら》の怪女《かいじょ》」。振《ふ》り向《む》いた大夫《たゆう》(女)の顔は、口が耳あたりまで裂《さ》けていたとある。

全国各地に出没《しゅつぼつ》する怪人《かいじん》たち

場所を選ばず 時間や条件《じょうけん》により 現《あらわ》れる怪人《かいじん》も

死んでも走り続ける首なしライダー

日本には、特定の場所にしか出現《しゅつげん》しない亡霊《ぼうれい》や怪人《かいじん》がいれば、神出鬼《しんしゅつき》没《ぼつ》でいつ現《あらわ》れるかわからないものもいる。彼《かれ》らとは、いつ出会うかわからない。今日、きみが出会ってしまうかもしれないのだ。

こうした全国で見られる不気味な怪人《かいじん》や亡霊《ぼうれい》として有名なのが、首なしライダーだ。その名のとおり、首から上がないバイク乗りであり、福岡県や宮城県など全国各地で目撃情《もくげきじょう》報《ほう》がささやかれている。

首なしライダーが何者で、どのようにして怪異《かいい》となったのかについては、さまざまなウワサがある。そのうち、もっとも広く信じられているのが、ピアノ線の事故《じこ》によって生《う》まれたという説だ。

だれかがいたずらで、道路を横断《おうだん》するようにピアノ線をはった。そこに、たまたま猛《もう》スピードでバイクが走ってきた。乗っていたライダーはピアノ線に引っかかり、首が飛んでしまったのだという。バイクはそのまま止まることなく走り続けていったという首なしライダーは自分の死に気づかず、今《いま》この瞬間《しゅんかん》も走《はし》り続けているのだとか。

首なしライダーが目撃《もくげき》されるのは、この事故《じこ》のあった時刻《じこく》だともいう。また、首なしライダーに遭遇《そうぐう》した人は、その後、高い確率《かくりつ》で事故《じこ》にあうともいわれている。

子どもを狙《ねら》う怪人《かいじん》 赤マントとひきこさん

そのほかに有名な怪人《かいじん》として、赤マントが知られている。１９４０年ごろから、都市部を中心に広まった都市伝説だ。

夕暮《ゆうぐ》れ時《どき》に赤いマントをつけた怪《かい》人《じん》が現《あらわ》れ、子どもをさらって殺《ころ》し、生き血を吸《す》うという。少女のみを誘《ゆう》拐《かい》の対象《たいしょう》とし、さらった後に暴力《ぼうりょく》をふるってから殺《ころ》す場合もあるというから余計《よけい》にむごい。

赤マントは福井県で起《お》こった殺人《さつじん》事件《じけん》が起源《きげん》だとか、東京で起こった暴行殺人《ぼうこうさつじん》事件《じけん》がルーツだとかいわれているが、定かではない。

いずれにしろ赤マントの発生には、悲惨《ひさん》な事件《じけん》が関係しているようだ。狙《ねら》われるとすればひとりきりのときのようなので、なるべく家族や友だちと過《す》ごす時間を増《ふ》やすのがよいだろう。

ひきこさんも有名だ。ウワサでは長身で長い黒髪《くろかみ》の女性で、子《こ》どもを捕《つか》まえて、ボロボロになるまで引きずり回すのだという。もともとひきこさんは美しく才能《さいのう》に恵《めぐ》まれた人物だったが、いじめにより激変《げきへん》したとされ、自分をいじめた子どもにうらみを持っているという。鏡を見せると被害《ひがい》をさけることができるといわれているが、これも定かではない。

首なしライダーは猛《もう》スピードでバイクを走《はし》らせているという。なかにはヘルメットの下に顔がなく空洞《くうどう》だったというウワサも。

虐殺《ぎゃくさつ》された女の霊《れい》が谷底へといざなう

花魁《おいらん》渕《ぶち》

DATA

TYPE 霊魂

危険度	★★★★
出現地	山梨県甲州市《こうしゅうし》
特　徴	柳沢川《やなぎさわがわ》の急流を見下ろせるあたりに現《あらわ》れる女性の怨霊《おんりょう》。車や人を崖《がけ》の下へ落とそうと手を伸《の》ばしてくる。

不可解《ふかかい》な事故《じこ》を呼《よ》ぶ見えざる手

山梨県甲州市《こうしゅうし》と北都留郡《きたつるぐん》の境《さかい》、国道411号線沿《ぞ》いにある瀬橋《せばし》。この下《した》の滝壺《たきつぼ》が「花魁淵《おいらんぶち》」と呼《よ》ばれる、日本屈指《にほんくっし》の心《しん》霊《れい》スポットの1つだ。

ここには、かつて大勢《おおぜい》の女性が虐殺《ぎゃくさつ》された伝承《でんしょう》が残る。周辺では着物姿の女の霊《れい》が目撃《もくげき》されたり、不可解《ふかかい》な交通事故《こうつうじこ》が頻発《ひんぱつ》したり、大勢《おおぜい》の女の声が聞こえたり……、霊《れい》のウワサが絶《た》えることはない。見えない手が窓《まど》ガラスに張《は》りつき、車が崖《がけ》の下へ落とされそうになったという報告《ほうこく》もあがっている。

口封《くちふう》じのために惨殺《ざんさつ》された女性たち

彼女《かのじょ》たちはなぜ殺されたのか。話は、戦国時代にまでさかのぼる。当時、この場所の近くには、戦国武将《せんごくぶしょう》として有名な武田家が秘密裏《ひみつり》に金《きん》をほっている、いわゆる隠《かく》し金山《きんざん》の「黒川《くろかわ》金山《きんざん》」があった。そこで働く男たちの世話をするため、多くの女性たちも集められていた。

戦国時代末期にさしかかると、天下統一《てんかとういつ》に向けて動く徳川軍にせめられ、武田家は滅亡《めつぼう》の危機《きき》におちいった。その際《さい》、金《きん》山《ざん》の存在《そんざい》がバレないよう、口封《くちふう》じのために女性たちは殺《ころ》されてしまったのだ。

殺《ころ》され方は残酷《ざんこく》なものだった。宴会《えんかい》の席、深い谷につるした舞台《ぶたい》の上で、舞《まい》を披露《ひろう》させる。その最中に舞台《ぶたい》をつるしていた綱《つな》を切り、女性たちごと谷底へ落としたのだ。

突然《とつぜん》のことに、彼女《かのじょ》たちは悲鳴を上げて谷底へと落ちていったに違《ちが》いない。下流には、血と涙《なみだ》を流した女性の大量の遺体《いたい》が、折り重なって流れ着いたという。あわれに思った村人たちによって遺体《いたい》はほうむられた。

その後、「おいらん堂《どう》」と呼《よ》ばれるお堂《どう》が建てられた。当時の建物は現存《げんそん》しないが、1968年に再建されたおいらん堂《どう》が、花魁淵《おいらんぶち》から東に7キロほどのところにある。

目撃情報

白い女の霊《れい》を見たという証言《しょうげん》や、車の窓《まど》に手がまとわりついてきたという証言《しょうげん》が多数あがっている。

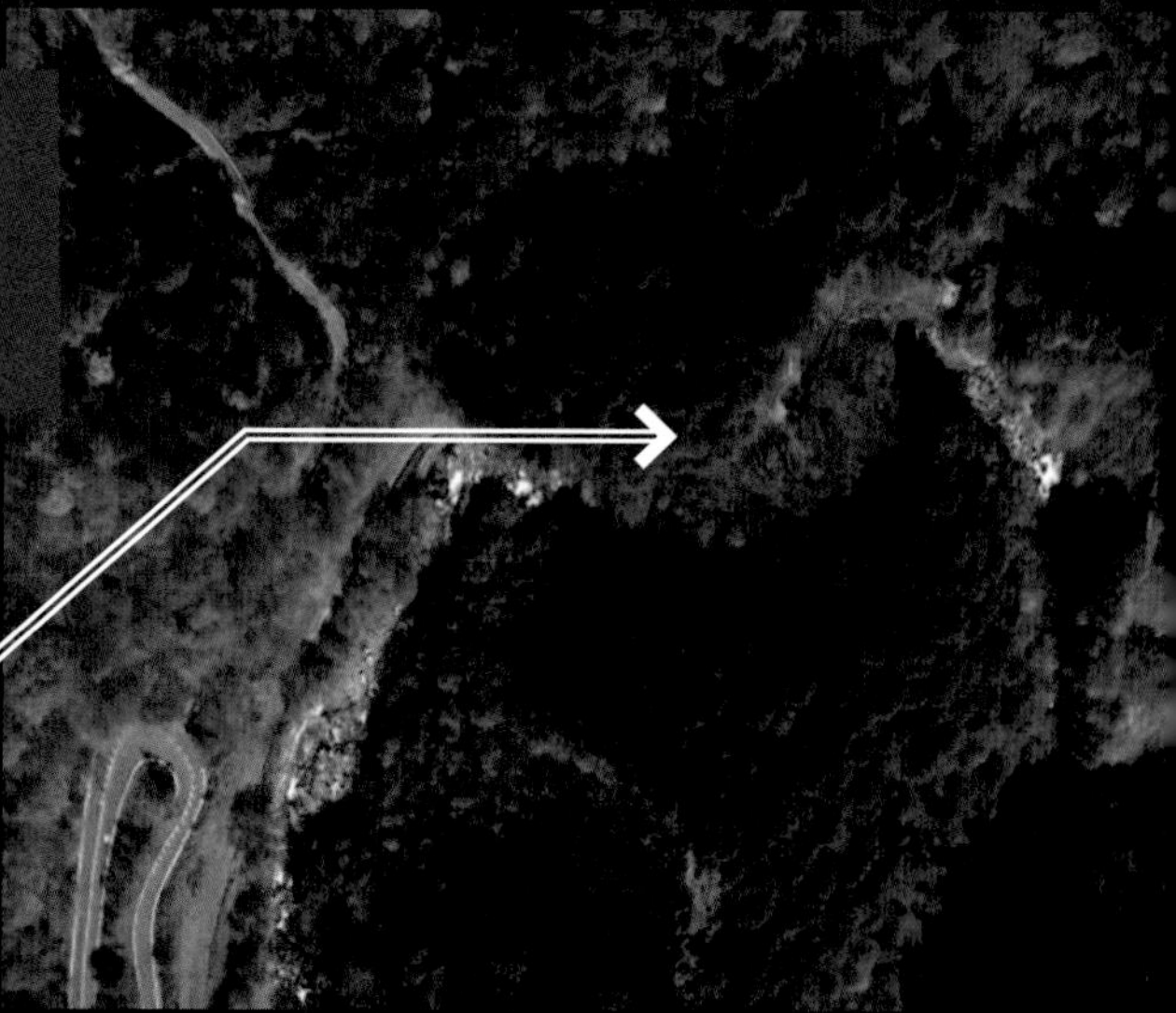

注目!

花魁淵《おいらんぶち》の周辺。現在《げんざい》は花魁淵《おいらんぶち》に近づける道は存在《そんざい》しない。

調査

不可解《ふかかい》な現象《げんしょう》は霊《れい》のしわざか？

　過去《かこ》に虐殺《ぎゃくさつ》が行われた場所とはいえ、それだけで、たび重なる怪奇現象《かいきげんしょう》の原因《げんいん》は、霊《れい》のしわざだと断言《だんげん》してもよいのだろうか。問題の場所は、深い森におおわれた山道だ。夜になれば見通しも悪くなり、交通事故《こうつうじこ》のリスクも高まるだろう。

　だが、自然現象《しぜんげんしょう》では説明しきれない点もたしかにある。花魁《おいらん》淵《ぶち》で起《お》きた、車の転落事故《てんらくじこ》の話だ。谷底に落ちた車はぐちゃぐちゃ、当然運転手は死亡《しぼう》していた。にもかかわらず、この車《くるま》には、谷底に落ちるまで、どこにも接触《せっしょく》した痕跡《こんせき》がなかったという。まるで谷にまっすぐ引きこまれたかのように……。

　この道はたびたび通行止めをくり返してきた。新道が築《きず》かれ、令和に入《はい》ってついに廃道《はいどう》となった。もはやふつうの方法《ほうほう》では立ち入ることもできない。落石などが原因《げんいん》とされているようだが、果たして……。

結果

可能性大《かのうせいだい》！

自然現象《しぜんげんしょう》だけで説明するのは無《む》理《り》があるだろう。花魁淵《おいらんぶち》付近《ふきん》は本当に事故《じこ》が多《おお》く、ついには廃《はい》道《どう》になった。若《わか》い女性が通りかかると、とりつこうとするという報告《ほうこく》もある。まちがっても近《ちか》寄《よ》ったりなどしないように。

黒川金山があったという黒川山（鶏冠山《けいかんざん》）の登山道。雄大《ゆうだい》な自然が人間を迎《むか》える。

東《とう》海《かい》道《どう》の古《こ》戦《せん》場《じょう》

古戦場には地縛霊《じばくれい》が集う⁉

きみは新幹線《しんかんせん》の窓《まど》からすさまじい数の落武者《おちむしゃ》の霊《れい》が見えたという証言《しょうげん》があることを知っているだろうか。東海道新幹線の沿線には、「関ケ原古戦場《せきがはらこせんじょう》」や「桶狭間古戦場《おけはさまこせんじょう》」「長久手古戦場《ながくてこせんじょう》」といった、有名な古戦場が並ぶ。そこでは無念《むねん》の死を遂《と》げた落武者《おちむしゃ》たちの霊《れい》が今もさまよい続け、「見える人」は、気配を感じるだけで息を吸《す》うこともできないほど苦《くる》しむという。あるいはきみもその「見える人」のひとりかもしれない。古戦場の付近へ行《い》くときは、注意と覚悟《かくご》が必要だ。

おびただしい数の武士《ぶし》の死霊《しりょう》

DATA

TYPE 怨霊

危険度	★★★
出現地	岐阜県《ぎふけん》不破郡《ふわぐん》など
特　徴	息ができずに胸《むね》が圧迫《あっぱく》されるほど、すさまじい数《かず》の落武者《おちむしゃ》の霊《れい》が襲《おそ》ってくる。

情報

歴史的大合戦の跡地《あとち》には霊《れい》が蠢《うごめ》く！

新幹線の線路が通る岐阜県《ぎふけん》不破郡《ふわぐん》は歴史的な2つの大きな戦いの舞台《ぶたい》となった場所だ。672年に天皇《てんのう》の後継《あとつ》ぎをめぐって、ふたりの皇子《おうじ》が争った「壬申《じんしん》の乱《らん》」と、1600年に豊臣《とよとみ》と徳川が天下の主導権《しゅどうけん》をめぐって争った「関ケ原《せきがはら》の戦《たたか》い」があった。一般的《いっぱんてき》に「関ケ原古《せきがはらこ》戦場跡《せんじょうあと》」と呼《よ》ばれる。

霊《れい》を感《かん》じる人が立ち入っただけで、寒気や頭痛《ずつう》など体調不良を起こすことで有名だ。それもそのはず。この地では、関ケ原《せきがはら》の戦《たたか》いだけでも約8000人が命を落としている。

じつは、新幹線の線路近くにはほかにも有名な古戦場がある。まず愛知県名古屋市《なごやし》の「桶狭間古戦場《おけはざまこせんじょう》」だ。ここではわずか2時間ほどの戦いで約3000人が死んでいる。

もう1つは愛知県長久手市《ながくてし》「長久手古戦場《ながくてこせんじょう》」だ。こちらでは、約3000人が死んでいる。そのうえ、壬申《じんしん》の乱《らん》では敗れた大友皇子《おおとものおうじ》が自害するという悲しい最期を遂《と》げた地でもあるのだ。

不吉な場所であることはたしかだろう。大量《たいりょう》の落武者《おちむしゃ》の霊《れい》が出るというウワサは、それらの歴史的事実から十分ありうる話だといえる。

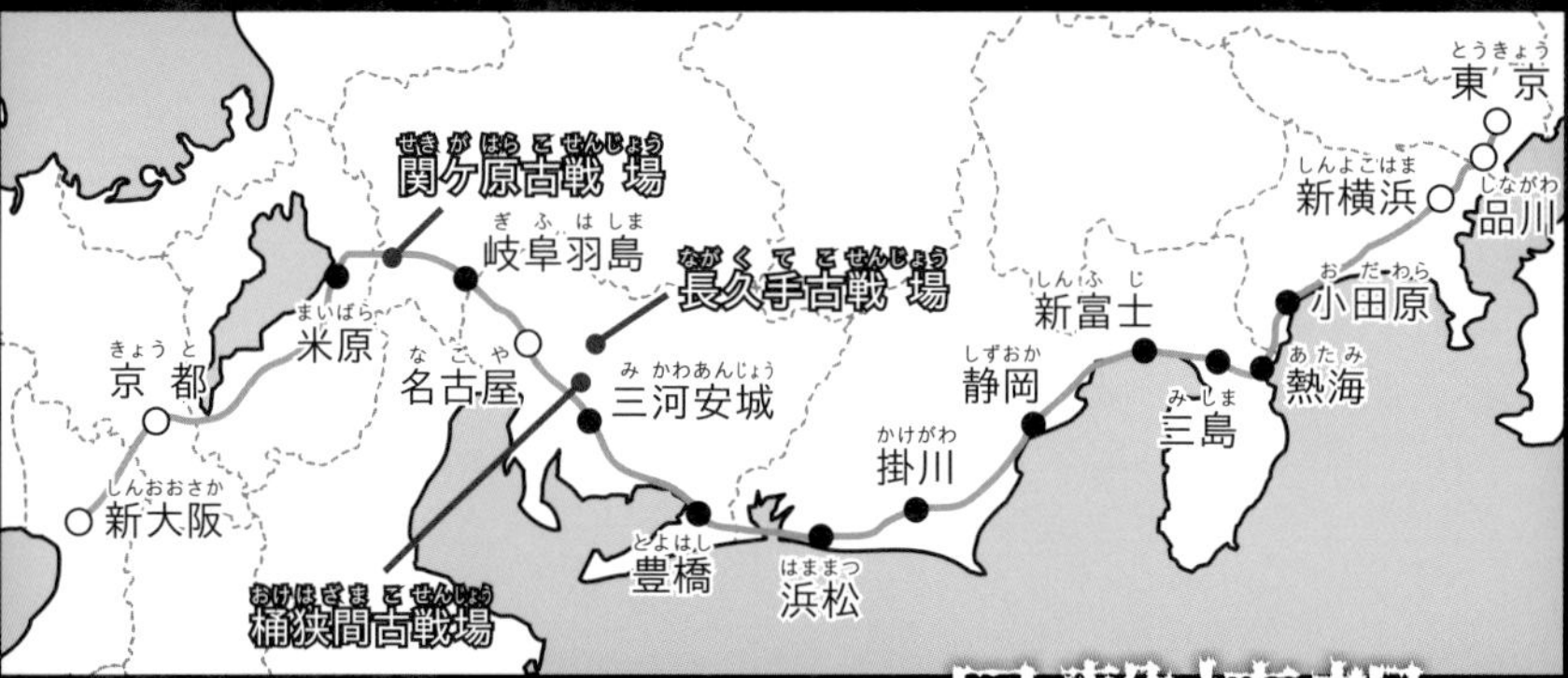

米原駅《まいばらえき》の手前あたりで関ケ原《せきがはら》古戦場《こせんじょう》を通る。

目撃情報

そこまで霊感《れいかん》がなくても、新幹線が関ケ原《せきがはら》の近くを通ると寒気がするという人はいる。

調査

これらの古戦場に霊《れい》は出るのか？

古戦場は日本各地にあるが、この東海道沿いでは霊《れい》の目撃証《もくげきしょう》言《げん》が非常《ひじょう》に多い。目撃《もくげき》される霊《れい》は、武士《ぶし》の姿《すがた》をした男性が圧倒《あっとう》的《てき》に多い。また、雄叫《おたけ》びのような声が聞こえたというウワサもしばしば耳にする。武士《ぶし》の姿《すがた》が見えたうえに、甲冑《かっちゅう》や鎧《よろい》がガシャガシャと鳴る音が聞こえたという証言《しょうげん》もある。また、夜中に行くと馬のひずめの音が聞こえるともウワサされている。

そして霊《れい》を目撃《もくげき》したという人の証言《しょうげん》に共通するのが、数の多さだ。織田信長《おだのぶなが》が少数で有力大名の今川義元《いまがわよしもと》を倒した桶狭間《おけはざま》の戦い、豊臣秀吉《とよとみひでよし》が織田信長《おだのぶなが》の後《こう》継者《けいしゃ》を勝ち取った長久手《ながくて》の戦《たたか》い、徳川家康《とくがわいえやす》が天下の覇権《はけん》を手に入れた関ケ原《せきがはら》の戦《たたか》い、どれも日本史においてとても大きな意味をもつ戦いだった。しかし、その裏《うら》には、死んでいった多くの武士《ぶし》たちがいたことを忘れないでおきたい。

結果

可能性大《かのうせいだい》！

証言《しょうげん》の多さだけでもかなり有力といえる。日本の東西を結ぶ新幹線のそばということで、避《さ》けて通りにくい場所だ。霊感《れいかん》がある人は注意が必要！　大勢《おおぜい》の亡霊《ぼうれい》から自分を守る備《そな》えを忘れずに！

中部地方

長久手《ながくて》の古戦場《こせんじょう》公園《こうえん》。長久《ながく》手《て》の戦《たたか》いで、もっとも激戦地《げきせんち》だったとされる場所にある。付近には慰霊《いれい》のための塚《つか》や石《せき》碑《ひ》が点在《てんざい》している。

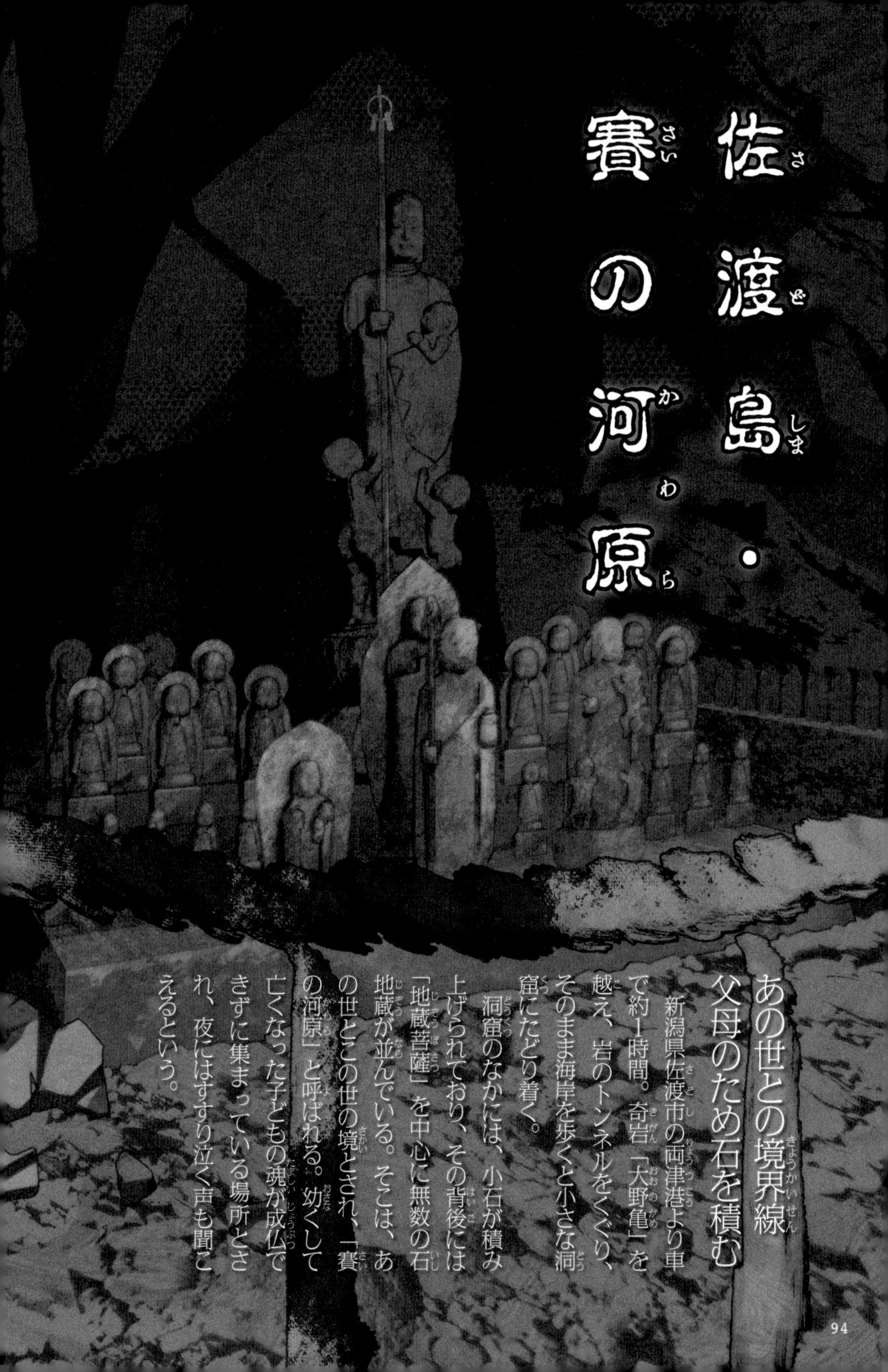

佐渡島《さどしま》・賽《さい》の河原《かわら》

あの世との境界線《きょうかいせん》
父母のため石を積む

新潟県佐渡市《さどし》の両津港《りょうつこう》より車で約1時間。奇岩《きがん》「大野亀《おおのかめ》」を越《こ》え、岩のトンネルをくぐり、そのまま海岸を歩くと小さな洞《どう》窟《くつ》にたどり着く。

洞窟《どうくつ》のなかには、小石が積み上げられており、その背後《はいご》には無数の石《いし》「地蔵菩薩《じぞうぼさつ》」を中心に無数の石地蔵《じぞう》が並《なら》んでいる。そこは、あの世とこの世の境《さかい》とされ、「賽《さい》の河原《かわら》」と呼《よ》ばれる。幼《おさな》くして亡くなった子どもの魂《たましい》が成仏《じょうぶつ》できずに集まっている場所とされ、夜にはすすり泣く声も聞こえるという。

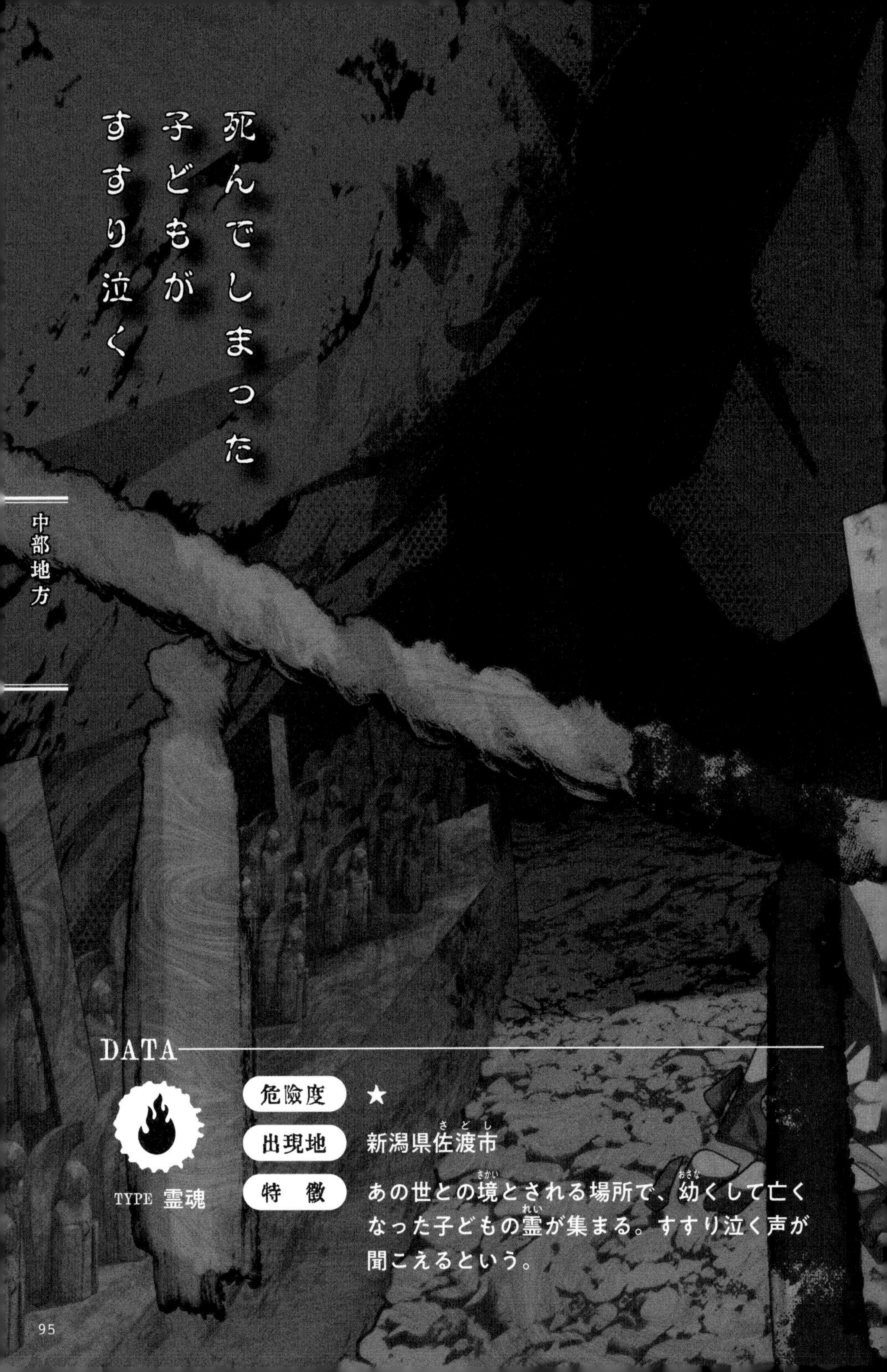

死んでしまった子どもがすすり泣く

中部地方

DATA

TYPE 霊魂

危険度	★
出現地	新潟県佐渡市《さどし》
特　徴	あの世との境《さかい》とされる場所で、幼《おさな》くして亡くなった子どもの霊《れい》が集まる。すすり泣く声が聞こえるという。

石重《いしがさ》ねの儀式《ぎしき》は親への罪滅《つみほろ》ぼし

情報

まず、日本仏教《にほんぶっきょう》における賽《さい》の河原《かわら》の話をしよう。この世とあの世の間には、三途《さんず》の川《かわ》が流れていて、死んだ人間はこの川を渡《わた》ってあの世に行くという。この三途《さんず》の川《かわ》の岸が賽《さい》の河原《かわら》だ。

親よりも先に子どもが亡《な》くなってしまうことは、それだけでも大変な罪《つみ》なのだという。その罪《つみ》をつぐなうまで、子どもはあの世に行くことができない。

そこで、三途《さんず》の川《かわ》のほとりに集まって、現世《げんせ》で生きている父母のために、「1つ積んでは父のため、2つ積んでは母のため」とつぶやきながら石を積み重ねている。石を積み上げることで、親の幸運を祈《いの》り、罪《つみ》をつぐなっているのだ。

しかし、積み上げた石は、鬼《おに》がやってきてくずしてしまう。いくら積み上げても、また一からやり直しだ。けれども子どもたちは何度も小石を積み上げ、また鬼《おに》がやってきて……、無限《むげん》の苦《くる》しみのようだ。最終的には地蔵《じぞう》によって成仏《じょうぶつ》させてもらえるという。

この佐渡《さど》市の洞窟《どうくつ》こそが、仏《ぶっ》教《きょう》で語られる「賽《さい》の河原《かわら》」だと、古くから信仰《しんこう》されてきた。今でも、子の供養《くよう》のために、全国から多くの人がこの場所をおとずれている。

目撃情報

重なっている石をくずしても、次の日には元どおりに積まれていたという話も。

写真の手前には重ねられた石が見える。背後《はいご》に、多数の地蔵《じぞう》が並《なら》べられている。

調査

子どもたちはいまも石を積んでいる？

賽《さい》の河原《かわら》には、さまざまなウワサがある。洞窟内《どうくつない》から子どもがすすり泣く声が聞こえる、といったものが代表的だろう。

そのほか、わが子《こ》と同じ顔の地蔵《じぞう》を見つければ、わが子の泣き声を聞くことができるといった救《すく》いのあるウワサから、石をけった者《もの》はけった足を骨折《こっせつ》する、石をもって帰った者《もの》は事故《じこ》死《し》するなどといった、おそろしいウワサもある。鬼《おに》が積《つ》んだ石《いし》をくずすのは、子どもに罪《つみ》をつぐなわせるためだともいう。悪意を向けると、鬼《おに》が子どもたちを守ろうとするのか……。

ウワサのすべてが霊《れい》のしわざだと断言《だんげん》することは難《むずか》しいだろう。だが、訪《おとず》れた者の証言《しょうげん》によると、海風もまったくない日に、供えられている風車が急に回り出したという報告《ほうこく》もある。成仏《じょうぶつ》できない子どもたちの霊《れい》が、風車で遊んでいたのかもしれない。

結果

可能性《かのうせい》はある

昔から信仰《しんこう》されているだけあり、霊的《れいてき》な意味のある場所であることはたしかだろう。霊《れい》とはいえ子どもたちだ。悪意をもったいたずらさえしなければ、危《き》険性《けんせい》はあまりないといえる。

高さ 167 メートルの一枚岩・大野亀《おおのがめ》。この先のトンネルが、賽《さい》の河原《かわら》に通じている。

特集

寺社の動物たち

かわいいだけ？
ぞんざいにあつかうと
たたりがあるぞ

聖《せい》なる動物のはずの獅《し》子《し》を殺《ころ》す

寺や神社をおとずれたときに、よく境内《けいだい》を見回してほしい。多くの寺社で、動物の姿《すがた》をかたどった像《ぞう》や彫《ちょう》刻《こく》を見つけることができるだろう。あれは意味のないかざりではない。

それぞれにいわれがあるが、とくに多くの寺で見られるのが獅《し》子《し》だろう。つまり、ライオンだ。仏像《ぶつぞう》は獅《し》子《し》に乗っているものも多い。堂々《どうどう》とした立ち姿《すがた》から「百獣《ひゃくじゅう》の王」ともいわれる獅《し》子《し》は、釈《しゃ》迦《か》などの偉大《いだい》な仏《ほとけ》に結びつけられたのだ。神社に見られる狛犬《こまいぬ》は、この獅《し》子《し》が姿《すがた》を変えたものだという説もある。

獅《し》子《し》が聖《せい》なる動物だということは、災《わざわ》いよけに行われる獅《し》子《し》舞《まい》にも表れている。獅《し》子《し》舞《まい》は飛鳥時代《あすかじだい》に中国から伝えられた伎《ぎ》楽《がく》が元になっており、古くから獅《し》子《し》が聖《せい》なる動物とされていたことがわかる。

ところで、獅《し》子《し》舞《まい》のバリエーションのなかには、武《ぶ》士《し》などが獅《し》子《し》を殺《ころ》すというおそろしいものもある。なぜ獅《し》子《し》を殺《ころ》すのかは定かでないが、獅《し》子《し》が災《わざわ》いをもたらすような一面も備えているからなのかもしれない。

九《きゅう》尾《び》の狐《きつね》をはじめ聖《せい》なる動物の二面性

神社は寺以上に動物との関係性《かんけいせい》が

深い。日本の神々のなかには「神《しん》使《し》」といって、力のある動物を使いにするものが多数いるのだ。たとえば、奈良の春日大社《かすがたいしゃ》では鹿《しか》が、京都の伏見稲荷大社《ふしみいなりたいしゃ》では狐《きつね》が神使《しんし》とされている。

そうした神使《しんし》の動物をかわいいといって愛《め》でる向きもあるが、果たして神使《しんし》とはそんなに気安くあつかってよいものなのだろうか。基本的に67ページでもふれたように、日本の神々は他者を呪《のろ》うし、たたるのだ。それは動物霊《どうぶつれい》のようなものであっても例外ではない。むしろ、もともと人間以上の身体能力《しんたいのうりょく》や凶暴性《きょうぼうせい》を秘《ひ》めているのだから、けっして油断《ゆだん》してはならない。

たとえば狐《きつね》。霊的《れいてき》な力をもつ狐《きつね》を霊狐《れいこ》や妖狐《ようこ》というが、仏教《ぶっきょう》では荼枳《だき》尼天《にてん》という神の使いとされており、古来聖《せい》なる動物とみなされてきた。とくに9本の尻尾《しっぽ》をもつ霊狐《れいこ》は、平和な時代に現《あらわ》れる聖獣《せいじゅう》とされていたそうだ。そのいっぽうで、中国の王朝を滅《ほろ》ぼしたという妲己《だっき》や、鳥羽天《とばてん》皇《のう》お気に入りの侍女《じじょ》・玉藻前《たまものまえ》の正体もまた、九尾《きゅうび》の狐《きつね》だとされる。聖《せい》なる動物は、何かあれば、このようにおそるべき妖怪《ようかい》に変じるということなのだろう。

狐《きつね》以外の動物についても、悪《あ》しき存在に変じたという伝説はいくつも残っている。私たちにとって身近な犬ですら、残虐《ざんぎゃく》な殺《ころ》し方をすると犬神という存在《そんざい》になり人をたたり殺《ころ》すといわれる。神使《しんし》とて、おそらくは例外ではないため、けっしてぞんざいにあつかってはならない。

京都・伏見稲荷大社の狐の石

伏見稲荷大社《ふしみいなりたいしゃ》の境内《けいだい》には、たくさんの狐《きつね》の石像《せきぞう》が置かれている。その狐《きつね》たちは、「稲穂《いなほ》」「巻物《まきもの》」「玉」「鍵《かぎ》」の4種類のうち、いずれかを口にくわえており、それぞれにこめられた意味が異《こと》なるという。

DATA

TYPE 霊魂

危険度	★★★
出現地	福井県坂井市《さかいし》
特　徴	絶景《ぜっけい》で知られると同時に、自殺者《じさつしゃ》の多い場所としても知られる。かつてこの場所では、悪僧《あくそう》が殺《ころ》され、たたりを起こしたという。

東《とう》尋《じん》坊《ぼう》

毎年20人以上が身を投《な》げている

中部地方

飛《と》び降《お》りたくなる⁉ 絶景《ぜっけい》の観光地

福井県の日本海沿《にほんかいぞ》いにある断《だん》崖《がい》の名所、東尋坊《とうじんぼう》。観光地らしく、周囲《しゅうい》には土産物屋《みやげものや》も多く出店していて、家族連れやツアー客でにぎわっており、不穏《ふおん》な雰《ふん》囲気《いき》は感じられない。しかし、通りをはなれた松林におもむけば、人の気配がなく、陰《いん》うつな雰囲気《ふんいき》がただよう。

東尋坊《とうじんぼう》には多くの人がその身を投《な》げてきた。不用意に断崖絶《だんがいぜっ》壁《ぺき》の上に立てば、彼《かれ》らの呼《よ》び声《こえ》が、きみをいざなうだろう。その気がなくても身《み》を投《な》げてしまうかもしれない……。

世界有数の岩壁《がんぺき》 海底《かいてい》から伸《の》びる手

東尋坊《とうじんぼう》は、1000メートルにわたり続く、荒々《あらあら》しい岩壁《がんぺき》だ。これほど大規模《だいきぼ》で豪快《ごうかい》な柱《はしら》状《じょう》の石は珍《めずら》しく、世界でも3か所だけだという。

高さは最大25メートルで、足がすくむのも当然というもの。ここから落ちたら、ひとたまりもないだろうことは、想像《そうぞう》に難《かた》くない。

実際《じっさい》に東尋坊《とうじんぼう》では多くの自殺《じさつ》者《しゃ》が出ている。警察《けいさつ》の調べでは過去《かこ》30年で600人以上、つまり年間平均《へいきん》20人以上が、この場所で命を落としているそうだ。

それが事実だと示《しめ》すように、東《とう》尋坊周辺《じんぼうしゅうへん》の松林には、「命を大切に!」と書かれた電話ボックスが設置《せっち》されている。「救《すく》いの電話」として地元の警察署《けいさつしょ》の電話番号が記《しる》されており、実際《じっさい》、年間100人以上の自殺志願者《じさつしがんしゃ》がこの場所で保護《ほご》されているらしい。

また、自殺《じさつ》をする気がないといっても、あまり不用意に近づくのはやめておいたほうがよいだろう。無数の手が観光客を崖《がけ》底《そこ》から手招《てまね》きするというウワサがある。その手に捕まったが最後、誰《だれ》でも投身自殺《とうしんじさつ》の道連れになってしまうという。過去《かこ》に自《じ》殺《さつ》した者の霊《れい》が、手を引いているのだろうか。

目撃情報

救《すく》いの電話が夜中に突然《とつぜん》鳴り出す、というウワサもある。

注目!

自殺《じさつ》を思いとどまらせるための電話ボックス、通称《つうしょう》「救《すく》いの電話」。

断崖《だんがい》に落ちた悪僧《あくそう》「東尋坊《とうじんぼう》」のうらみ

東尋坊《とうじんぼう》という地名は、平安時代の僧《そう》に由来する。さまざまな伝説があるが、もっとも有名なところでは、好いた女が別の僧《そう》と恋仲《こいなか》になり、そのことをうらんだ悪僧《あくそう》・東尋坊《とうじんぼう》は女を殺《ころ》してしまう。その後、宴会《えんかい》の席で酔《よ》った東尋坊《とうじんぼう》は、女の恋人によって崖《がけ》から突《つ》き落とされてしまった。東尋坊《とうじんぼう》が死んだあと、彼《かれ》が修行《しゅぎょう》していた白山平泉寺《はくさんへいせんじ》では井戸が血にそまるという怪現《かいげん》象《しょう》も起こった。

以降、毎年東尋坊《とうじんぼう》が突《つ》き落とされた日には、海が荒《あ》れるようになった。平泉寺《へいせんじ》で儀式《ぎしき》を行い、ようやく治まったという。

東尋坊《とうじんぼう》は崖《がけ》から落ちる際《さい》に、そばにいた人々を引っぱって道連れにしたと伝わる。見えない力《ちから》で崖下《がけした》へ引き落とそうとしているのは、東尋坊《とうじんぼう》が彼《かれ》の最期の時と同じように、この場所を訪《おとず》れる人々《ひとびと》を道連れにしようとしているからかもしれない。

なお、東尋坊《とうじんぼう》は一般的《いっぱんてき》に悪僧《あくそう》だったといわれるが、福井県の民話として残るところでは、真面目なよい僧《そう》だったともいう。それをうとんじた、ほかの僧《そう》からはめられ、崖《かけ》から落とされたそうだ。いずれにしろ、東尋坊《とうじんぼう》という僧《そう》が突《つ》き落とされたことはたしかなようだ。

25メートルという高さは、ビルに例えると8～9階《かい》建《だ》てくらいに相当する。

特集

本当は怖《こわ》い日本の昔話

人の本質《ほんしつ》や教訓《きょうくん》も見えるむごく残酷《ざんこく》な昔話

大分県に伝わる昔話『吉作落《きっさくお》とし』

日本の昔話といえば、きみは何を思い浮《う》かべるだろうか。桃太郎や浦《うら》島太郎《しまたろう》、金太郎などの、勧善懲悪《かんぜんちょうあく》の話だろうか。

だが昔話のなかには、薄気味悪《うすきみわる》く、狂気《きょうき》に満ちた話も少なくはない。ここでは、そんな昔話をいくつか紹介《しょうかい》していく。

まずは大分県に伝わる昔話、『吉作落《きっさくお》とし』だ。舞台《ぶたい》は大分県豊後《ぶんご》大野市《おおのし》にある県を代表する名山「傾山《かたむきやま》」だといわれている。標高は1605メートルほどで山並《やまな》みは険《けわ》しい。

昔々、岩茸《いわたけ》を採《と》って暮《く》らしている吉作《きっさく》という若者《わかもの》がいた。吉作《きっさく》はある日《ひ》、傾山《かたむきやま》の岩壁《がんぺき》で岩茸《いわたけ》を採《と》っていた。断崖絶壁《だんがいぜっぺき》に綱一本《つないっぽん》でつかまって採《と》るという過酷《かこく》な仕事だ。その日の収穫《しゅうかく》は好調だったが、さすがに疲《つか》れた吉作《きっさく》は、崖《がけ》の途中《とちゅう》に人が座《すわ》れるほどの小《ち》さな岩棚《いわだな》があるのに気づき、腰《こし》を下《お》ろした。

しばらく休憩《きゅうけい》したのち、吉作《きっさく》はそろそろ上に登ろうとするが、先ほどまでぶら下がっていた綱《つな》が、手をはなしたすきに上がってしまい、手が届《とど》かない。このままでは岩棚《いわだな》に取り残されてしまうと考えた吉作《きっさく》は、声を限《かぎ》りに叫《さけ》んだ。「助けてくれ、助けてくれ」と。

しかし、その声は岩壁《がんぺき》にこだまして、化《ば》け物《もの》の遠吠《とおぼ》えのように聞こえてしまい、人々を恐怖《きょうふ》させた。そして数日後、意識《いしき》がもうろうとした吉《きっ》作《さく》は「鳥のようにふんわりと飛んで着地できるかもしれない」と錯覚《さっかく》し、紅葉で赤く染《そ》まった谷底へと消えていったという。

人間の欲求《よっきゅう》の残酷《ざんこく》さを描《えが》く『飯降山《いふりやま》』

もう1つ、『飯降山《いふりやま》』という話を紹介《しょうかい》する。昔々、3人《にん》の尼《あま》が山に入って修行《しゅぎょう》をしていた。住む家もなく、殺生《せっしょう》も禁じられているので、食べ物はもっぱら木の実や草。だが3人ではげまし合い、助け合って過《す》ごしていた。

そんなある日、不思議なことに空から3つのおにぎりが降《ふ》ってきた。彼女らは感謝《かんしゃ》してそれを食べた。それから毎日おにぎりが降《ふ》ってきたが、ひとり1個《こ》では物足りなくなってしまった。

そして、一番年上の尼《あま》がもうひとりと組んで、年下の尼《あま》を殺《ころ》してしまう。これで分け前が増《ふ》えると心おどらせていたが、その日からおにぎりは2個《こ》になった。

やがてまた一番年上の尼《あま》がもうひとりの尼《あま》を殺《ころ》した。これでおにぎりをひとりじめできるはずだと考えたが、その日からおにぎりは降《ふ》ってこなくなり、その尼《あま》は飢《う》えてヨロヨロになって山を下りていった。この話から、その山を「飯降山《いふりやま》」と呼《よ》ぶようになったという。

尼《あま》が修行《しゅぎょう》をしていたとされる。標高884メートルで福井市の最高峰《さいこうほう》。

近畿地方

① 貴船神社《きふねじんじゃ》 108
② 首塚大明神《くびづかだいみょうじん》 114
③ 姫路城《ひめじじょう》 120
④ 琵琶湖《びわこ》・竹生島《ちくぶしま》 124
⑤ 泉《いずみ》の広《ひろ》場《は》 128
⑥ 旧《きゅう》生《い》駒《こま》トンネル 132

4
京都府
兵庫県
2
滋賀県
3
大阪府
1
5
三重県
奈良県
6
和歌山県

DATA

TYPE 怨霊

危険度 ★★

出現地 京都府京都市《きょうとし》

特　徴 相手《あいて》を殺《ころ》すため、丑《うし》の刻《こく》（午前１～３時）に、ワラ人形に五寸釘《ごすんくぎ》で木に打ちつける儀式《ぎしき》。

近畿地方

禁《きん》断《だん》の呪《じゅ》術《じゅつ》「丑《うし》の刻《こく》参《まい》り」が いまも行われる

貴《き》船《ふね》神《じん》社《じゃ》

神聖《しんせい》な場所の裏《うら》では 呪《のろ》いと狂気《きょうき》がうずまく

長い歴史と伝統《でんとう》を重んじる京都の町でも由緒正《ゆいしょただ》しい神社の1つである「貴船神社《きふねじんじゃ》」。縁結《えんむす》びのご利益《りやく》でも有名で、若《わか》いカップルから家族連れ、老夫婦《ろうふうふ》まで訪《おとず》れる神社だが、じつは裏《うら》の顔がある。

貴船神社《きふねじんじゃ》では、丑《うし》の刻《こく》（午前1〜3時）に呪《のろ》いの儀式《ぎしき》がとり行われているという。「丑《うし》の刻《こく》参《まい》り」という有名な呪術《じゅじゅつ》で、にくい相手を思い浮《う》かべながら、ワラ人形に五寸釘《ごすんくぎ》を刺《さ》し、木に打ちつける。その姿《すがた》は、まさに狂気《きょうき》の世界だ。

情報

奥宮《おくみや》の杉林《すぎばやし》に残る多数の釘《くぎ》を打った跡《あと》

丑《うし》の刻参《こくまい》りを行うときの正装《せいそう》は、白装束《しろしょうぞく》（真っ白な和風の服《ふく》装《そう》）と決まっている。顔には白《しろ》化粧《けしょう》、濃《こ》い口紅《くちべに》をして、長い帯を巻《ま》き、下駄《げた》をはく。そして、五徳《ごとく》（火鉢《ひばち》のなかに置いてある3〜4本足の金具）を逆《さか》さにかぶる。これはガスコンロのなべや、やかんを置く部分に取りつけられている、金属製《きんぞくせい》の器具を想像《そうぞう》してもらうといいだろう。その足に、火のついたロウソクをさすのだ。

準備《じゅんび》を終《お》え、午前1〜3時ごろ、いわゆる丑《うし》の刻《こく》に、呪《のろ》いたい相手を思い浮《う》かべながら、一《いっ》心《しん》不《ふ》乱《らん》に木にワラ人形を打ちつける。五寸釘《ごすんくぎ》（一般的《いっぱんてき》なものより長くて大型《おおがた》の釘《くぎ》）を刺《さ》し、ハンマーで、何度も何度も打ちつけ、相手を呪《のろ》い殺《ころ》す。そういったおそろしい呪術《じゅじゅつ》だ。

入口にある鳥居《とりい》をくぐってすぐには、神秘的《しんぴてき》な雰囲気《ふんいき》をかもし出す本宮《ほんぐう》が建っている。ところが、そこから約1キロ進んだ先の奥宮《おくみや》は、周りに杉林《すぎばやし》が広がり、昼間でもうす暗く不気味な雰囲気《ふんいき》をただよわせている。

そこに立つ樹々《きぎ》をよく見てみると、釘《くぎ》を打った跡《あと》が数多く見つかった。これは偶然《ぐうぜん》ではないだろう。だれかが意図的にこの地で呪術《じゅじゅつ》をかけ、にくい相手を呪《のろ》い殺《ころ》そうとした証拠《しょうこ》だ。

樹々《きぎ》が生いしげる貴船神社《きふねじんじゃ》の奥《おく》宮《みや》。この杉林《すぎばやし》で丑《うし》の刻参《こくまい》りが行われているという。

目撃情報

神社の木に、釘《くぎ》を打ったような跡《あと》がたくさんあった。ワラ人形はないけれど、釘《くぎ》が刺《さ》さったままになっていることも……。

情報

起源《きげん》は、強い殺意《さつい》から生まれた報復劇《ほうふくげき》

丑《うし》の刻参《こくまい》りでは、自分が直接《ちょくせつ》相手を殺《ころ》すのではなく、間接的《かんせつてき》に呪《のろ》い殺《ころ》すことができる。ただし、根気強く7日間も丑《うし》の刻《こく》に神社に通い続け、ワラ人形を木に打ちつけ続けなければならない。強い殺意《さつい》がないと心が折《お》れてしまいそうになる呪術《じゅじゅつ》だ。

そしてこの儀式《ぎしき》を行っている姿《すがた》は、だれにも見られてはならない。万が一だれかに見られたら、その呪《のろ》いが自分に返ってきてしまうのだ。それを防《ふせ》ぐためには、儀式《ぎしき》の目撃者《もくげきしゃ》までも殺《ころ》さなければならないという。

このおそろしい呪術《じゅじゅつ》の起源《きげん》は、鎌倉時代につくられた『宇《う》治《じ》の橋姫《はしひめ》』という物語だそうだ。そこには、美しい龍神《りゅうじん》に夫を奪《うば》われた妻《つま》が、復讐《ふくしゅう》のため呪《のろ》いの儀式《ぎしき》を行う姿《すがた》が描《えが》かれている。頭に3本のたいまつをくくりつけ、宇治川《うじがわ》に祈《いの》りをささげていると、妻《つま》はにくしみのあまり鬼《おに》になってしまうという内《ない》容《よう》だ。

その後、怨霊《おんりょう》を題材とした『鉄輪《かなわ》』という能《のう》の演目《えんもく》にも、丑《うし》の刻参《こくまい》りが登場する。それらをへて、ワラ人形や五寸釘《ごすんくぎ》を使い、相手を呪《のろ》い殺《ころ》す儀式《ぎしき》へと変わっていったようだ。長い歴史がある呪術《じゅじゅつ》だけに、貴船神社《きふねじんじゃ》で、ワラ人形に打ちこんだ人々の情《じょう》念《ねん》も、深く重いものだろう。

1779年に発刊《はっかん》された『今昔画図続百鬼《こんじゃくがずぞくひゃっき》』という画集の一場面。ここに登場する「橋《はし》姫《ひめ》」の姿《すがた》は、いまも伝わる丑《うし》の刻参《こくまい》りの正装《せいそう》とそっくりだ。

特集

現代《げんだい》にも伝わる呪術《じゅじゅつ》の歴史

じつは呪術《じゅじゅつ》は、身近な存在《そんざい》として現在《げんざい》も残っている!?

伝説の陰陽師《おんみょうじ》、安倍晴明《あべのせいめい》とは何者?

呪術《じゅじゅつ》が一番さかんだった時代は、平安時代だといわれている。当時は、人々の生命を脅《おびや》かすような呪《じゅ》術《じゅつ》、いわゆる「呪詛《じゅそ》」と呼《よ》ばれる呪《じゅ》術《じゅつ》を行う者がいた。菅原道真《すがわらのみちざね》のような権力者《けんりょくしゃ》が呪詛《じゅそ》の被害者《ひがいしゃ》となることも日常茶飯事《にちじょうさはんじ》であり、まさに平安時代は呪術《じゅじゅつ》の時代といえる。

呪術《じゅじゅつ》にはさまざまな種類がある。とくに有名なのが、陰陽師《おんみょうじ》が使う「式神《しきがみ》」だ。式神《しきがみ》は、人の心の中にある悪行や善行《ぜんこう》を明らかにする存在《そんざい》として知られており、通常時《つうじょうじ》は和紙札におさめられ、必要時に陰陽師《おんみょうじ》によって呼《よ》び起こされる。

ちなみに陰陽師《おんみょうじ》とは、天体観測《てんたいかんそく》に基《もと》づくうらないやまじない、暦《こよみ》づくりなどを行う人のことを指す。しかし、人々を呪詛《じゅそ》から守るために呪術《じゅじゅつ》を行うことも、彼《かれ》らの役割《やくわり》の1つだったのだ。

平安時代、大勢《おおぜい》いた陰陽師《おんみょうじ》の中でとくに式神《しきがみ》を操《あやつ》るのがうまかったとされるのが「安倍晴明《あべのせいめい》」だ。安倍晴《あべのせい》明《めい》は一条天皇《いちじょうてんのう》より勅令《ちょくめい》を受け、日照《ひで》りの都に雨を降《ふ》らせる呪術《じゅじゅつ》を行ったという有名な陰陽師《おんみょうじ》だ。彼《かれ》はそうじなどの雑用《ざつよう》も式神《しきがみ》に任《まか》せていたというが、殺生《せっしょう》はよしとしなかった。式《しき》神《がみ》の力で虫を殺《ころ》すのも拒《こば》んだという。その姿勢《しせい》もまた晴明《せいめい》の魅力《みりょく》だ。

てるてる坊主《ぼうず》も じつは呪術《じゅじゅつ》の1つ

呪術《じゅじゅつ》という存在《そんざい》は、いまではマンガやアニメの世界のもの、フィクションだと認識《にんしき》している人も多いだろう。だが、じつは現代《げんだい》にいたっても呪術《じゅじゅつ》は身近に存在《そんざい》している。たとえば、明日運動会があるというのに、天気予報《てんきよほう》が雨《あめ》だとする。その場合、雨をさけるために、てるてる坊主《ぼうず》をつくることはよくあることだろう。

じつはこれも、一種の呪術《じゅじゅつ》なのである。呪術《じゅじゅつ》は何も、壮大《そうだい》な呪文《じゅもん》や魔《ま》法《ほう》、まがまがしい呪詛《じゅそ》だけを指すのではなく、簡単なまじないもふくまれる。そう考えると、わたしたちの生活にはたくさんの呪術《じゅじゅつ》があふれている。

とくに恋愛《れんあい》ごとにおける、「消《け》しゴムに好きな人の名前を書いて使い切ると恋《こい》が成就《じょうじゅ》する」といったロマンチックなまじないも、じつは呪術《じゅじゅつ》なのだ。あなたの周りにある呪術《じゅじゅつ》をぜひ探してみてほしい。

魔除《まよ》けや厄除《やくよ》けをつかさどる、安倍晴明《あべのせいめい》ゆかりの地《ち》「晴明神社《せいめいじんじゃ》」。左に写るのが「安倍晴明公像《あべのせいめいこうぞう》」。

てるてる坊主

中国から伝わったまじないに日本の要素《ようそ》が加えられ、現在《げんざい》のてるてる坊主《ぼうず》として伝わっている。逆《ぎゃく》に雨を降《ふ》らせたい場合は、逆《さか》さにつるしたり、黒い布《ぬの》でてるてる坊主《ぼうず》をつくったりするという。

大《だい》妖《よう》怪《かい》・酒《しゅ》呑《てん》童《どう》子《じ》の首が眠《ねむ》る地 首《くび》塚《づか》大《だい》明《みょう》神《じん》

DATA

TYPE 怨霊

危険度	★★
出現地	京都府京都市《きょうとし》
特　徴	大妖怪《だいようかい》の首が眠《ねむ》る大明神へ手を洗《あら》わず入ると呪《のろ》われるという。

うっそうと茂《しげ》る林に立つ不気味な鳥居《とりい》

京都市西京区《にしきょうく》にある首塚大明《くびづかだいみょう》神《じん》。首塚大明神《くびづかだいみょうじん》とは、酒呑童子《しゅてんどうじ》という鬼《おに》の別名だ。大妖怪《だいようかい》として全国的に知られている。

人の気配もない山奥《やまおく》に立つ、場所に不つり合いな立派《りっぱ》な鳥《とり》居《い》。その横の石柱には、「首塚《くびづか》」の文字が。これは、酒呑童子《しゅてんどうじ》の首が埋《う》められていることをしめしている。

それだけでも不気味だが、実《じっ》際《さい》に心霊《しんれい》スポットとしても有名だ。軽い気持ちで立ち入ると、酒呑童子《しゅてんどうじ》に呪《のろ》われ、最悪の場合は死《し》にいたることも。

大酒飲みの妖怪《ようかい》 酒呑童子《しゅてんどうじ》の悪行

不気味な鳥居《とりい》をくぐった先は、地面を木の根がおおっていて、簡単《かんたん》に足を取られそうだ。その道を進むと、小さな拝殿《はいでん》と盛《も》られた土が見えてくる。その盛土《もりつち》が「首塚《くびづか》」で、この下には酒呑童子《しゅてんどうじ》の首が埋《う》められているのだ。

酒呑童子《しゅてんどうじ》の誕生《たんじょう》にはいくつか説があるが、山の神の精《せい》をうけた男児として生まれた点、乱暴《らんぼう》したり、美しさで人をまどわしたりと数々の悪事をはたらき、人間の世界から外れて鬼《おに》となり、大江山《おおえやま》にすみついたという点は共通している。また「外道《げどう》丸《まる》」と呼《よ》ばれていた点、酒好きという点も共通している。

15メートルもの大きな体に目が15個もあり、5本の角が生えているその姿《すがた》は、まさしく鬼《おに》そのもので、悪行のかぎりをつくしたという。たとえば、手下の鬼《おに》たちを連れて京都の町に出れば、金銀を盗《ぬす》んだり、貴族《きぞく》の姫《ひめ》をさらったり、人をだましたりと、その悪事は数え切れない。

見かねた天皇《てんのう》が、源《みなもとの》　頼光《よりみつ》と家来に酒呑童子《しゅてんどうじ》の討伐《とうばつ》を命じた。頼光《よりみつ》は妖怪退治《ようかいたいじ》の名手といわれる平安時代の武将《ぶしょう》だ。彼らは酒好《さけす》きである酒呑童子《しゅてんどうじ》に「神《じん》変鬼毒酒《べんきどくしゅ》」という神から授《さず》かった酒を飲ませ、酔《よ》ったところで首を斬《き》り、殺《ころ》したのだ。

注目!

この下に酒呑童子《しゅてんどうじ》の首が埋《う》まっているという。

不つり合いに立派《りっぱ》な鳥居《とりい》は、不気味な雰《ふん》囲《い》気《き》をただよわせている。この鳥居《とりい》をくぐった先に、首塚《くびづか》がある。

首だけになっても続く大妖怪《だいようかい》の呪《のろ》い

首塚大明神《くびづかだいみょうじん》のおそろしい点は、ただ妖怪《ようかい》の首が眠《ねむ》っているというエピソードが残っていることだけではない。首が埋《う》められたいきさつこそが、おそろしいのだ。

源《みなもとの》 頼光《よりみつ》とその一行《いっこう》は、討伐《とうばつ》した酒呑童子《しゅてんどうじ》の首を天皇《てんのう》の元《もと》へもち帰ろうとした。その途中《とちゅう》、ある峠《とうげ》でひと休みしていたところ、奇妙《きみょう》なできごとが起きる。峠《とうげ》にあった地蔵《じぞう》が突然《とつぜん》話《はな》し出《だ》し、「けがれたものを京の都にもちこむな」と、頼光《よりみつ》たちに忠告《ちゅうこく》したのだ。

しかし、酒呑童子《しゅてんどうじ》を討伐《とうばつ》した証拠《しょうこ》を置いていくわけにもいかない。ふたたび歩き出そうとしたところ、酒呑童子《しゅてんどうじ》の首が急に重くなり、まったく動かせなくなったという。そこで彼《かれ》らは地《じ》蔵《ぞう》の言葉を信じ、その場に首を埋《う》めた。それが、この首塚《くびづか》がある場所なのだ。

この首塚大明神《くびづかだいみょうじん》の鳥居《とりい》の手前には手水舎《ちょうずや》がある。そこで手《て》を洗《あら》わずに入ると、呪《のろ》われるというウワサがある。

また、深夜にこの地に足を踏《ふ》み入れただけで、たたられるという話もある。どちらも酒呑童《しゅてんどう》子《じ》の怨念《おんねん》のしわざと考えてよいだろう。首だけになっても呪《のろ》いの力は健在《けんざい》ということだ。

目撃情報

肝試《きもだめ》しでやって来た人が手を洗《あら》わず鳥居《とりい》をくぐったら、その帰りに車のブレーキがきかなくなって事故《じこ》にあったらしい。

『酒呑童子絵巻《しゅてんどうじえまき》』には、頼光《よりみつ》たちに首を斬《き》られる酒呑童子《しゅてんどうじ》が描《えが》かれている。（日本の鬼《おに》の交流博物館所蔵《こうりゅうはくぶつかんしょぞう》、福知山市教育委員会提供《ていきょう》）

特集

鬼《おに》の正体と京都の伝説

昔話や節分でなじみある鬼《おに》の本当の姿《すがた》とは……？

人間がつくり出した鬼《おに》という存在《そんざい》

鬼《おに》とは、おそろしいものや力の強いもの、邪悪《じゃあく》なものや、超人的《ちょうじんてき》なものの象徴《しょうちょう》とされている。多くは人に危害《きがい》を加《くわ》える「悪」として考えられているが、「善《ぜん》」や「神」としてあがめられている鬼《おに》など、多様な考え方があるそうだ。

なぜ鬼《おに》が善《ぜん》や神としてあがめられる場合があるのかというと、「鬼《おに》は死者の霊《れい》である」という考え方が根本にあるからだ。つまりは、人が鬼《おに》になるということで、人が死ぬことを「鬼籍《きせき》に入《い》る」と表現《ひょうげん》するのも、その表れである。鬼《おに》は死者の霊《れい》であり、人間の災《わざわ》いと幸せを支配《しはい》する存《そん》在《ざい》だととらえられるようになり、多種多様な描《えが》かれ方をされるようになったと考えられている。

勧善懲悪《かんぜんちょうあく》という言葉がある。これは善《ぜん》をすすめ、悪をこらしめるという考え方だが、とくに京都に鬼《おに》の伝説が多い理由は、まさにその考えが反映《はんえい》されている。

平安時代、京都には都（平安京）が置かれていた。朝廷《ちょうてい》は、源頼光《みなもとのよりみつ》などをヒーロー（善《ぜん》）にすべく、京都以外に住む人間を下級の者として扱《あつか》ったという話が残っている。

そして、いつしか罪《つみ》もない一般《いっぱん》市《し》民《みん》が鬼《おに》という存在《そんざい》として生まれ変わり、さまざまな鬼伝説《おにでんせつ》が生まれていったのである。なんともひどい話だが、実際朝廷《じっさいちょうてい》はその威厳《いげん》を保《たも》つためであれば手段《しゅだん》を選ばなかった。

神仏《しんぶつ》の力を借りた討伐《とうばつ》「三上《みうえ》ヶ《が》嶽《たけ》の鬼伝説《おにでんせつ》」

鬼退治《おにたいじ》と聞いて、すぐに思い出されるのは桃《もも》太郎《たろう》であろう。犬、サル、キジを従《したが》えて、鬼《おに》ヶ島《がしま》に戦いに行《い》くという昔話はあまりにも有名だ。

そのほか有名な鬼退治《おにたいじ》というと、麻呂子親王《まろこしんのう》の鬼退治《おにたいじ》がある。用明天《ようめいてん》皇《のう》のころ、英胡《えいこ》・軽足《かるあし》・土熊《つちぐま》という三鬼《さんき》が庶民《しょみん》を苦《くる》しめていた。麻呂子《まろこ》親王《しんのう》は討伐《とうばつ》の命令を受け、鬼退治《おにたいじ》へと向かう。

討伐《とうばつ》に向かう途中《とちゅう》、商人が死んだ馬を土に埋《う》めようとしているのを発見。麻呂子親王《まろこしんのう》が「この征伐《せいばつ》利《り》あらば馬必ず蘇《よみがえ》るべし」と誓《ちか》いを立て祈《いの》ると馬は蘇《よみがえ》った。

親王はこの馬に乗り、里を通り過《す》ぎようとした。すると今度はおじいさんが現《あらわ》れ、頭に明鏡《めいきょう》（くもりがなくよく映《うつ》る鏡）がついている白い犬を親王に授《さず》けたという。

それから河守荘《こうもりしょう》三上《みうえ》ヶ《が》嶽《たけ》の鬼《おに》の岩《がん》窟《くつ》にたどりつき、うまいぐあいに英《えい》胡《こ》・軽足《かるあし》の二鬼《にき》を討《う》ちとったが、土《つち》熊《ぐま》を見失ってしまった。そこで、犬の頭の明鏡《めいきょう》であたりを照《て》らしたところ、土熊《つちぐま》の姿《すがた》がその鏡《かがみ》に映《うつ》り、退治《たいじ》することができたのだという。

このような鬼《おに》の伝説は、日本各地にあふれている。あなたが住んでいる近くの伝説も探してみてはどうだろうか。

麻呂子親王《まろこしんのう》が三《さん》鬼《き》を退治《たいじ》するようすが描《えが》かれた絵図。（清園寺所蔵《しょぞう》、福知山市教育委員会提《てい》供《きょう》）

DATA

TYPE 怨霊

危険度	★★
出現地	兵庫県姫路市《ひめじし》
特　徴	城が建つ前からの気性《きしょう》が荒《あら》い土地神と濡《ぬ》れ衣《ぎぬ》を着せられて殺《ころ》され毎晩皿《まいばんさら》を数える女の霊《れい》。

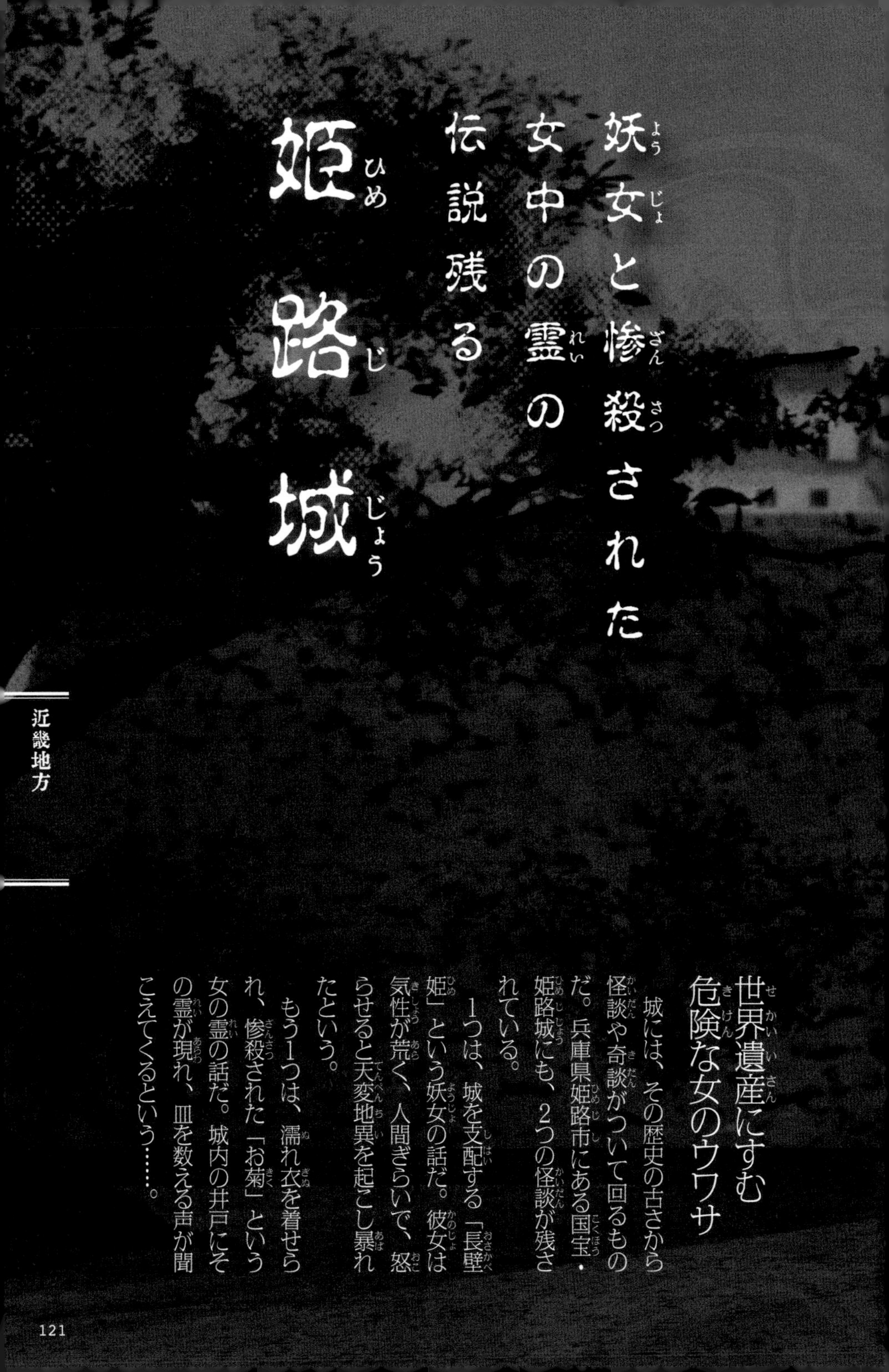

妖《よう》女《じょ》と惨《ざん》殺《さつ》された女中の霊《れい》の伝説残る

姫《ひめ》路《じ》城《じょう》

世《せ》界《かい》遺《い》産《さん》にすむ危《き》険《けん》な女のウワサ

城には、その歴史の古さから怪《かい》談《だん》や奇《き》談《だん》がついて回るものだ。兵庫県姫《ひめ》路《じ》市《し》にある国《こく》宝《ほう》・姫《ひめ》路《じ》城《じょう》にも、2つの怪《かい》談《だん》が残されている。

1つは、城を支《し》配《はい》する「長《おさ》壁《かべ》姫《ひめ》」という妖《よう》女《じょ》の話だ。彼《かの》女《じょ》は気《き》性《しょう》が荒《あら》く、人間ぎらいで、怒《おこ》らせると天《てん》変《ぺん》地《ち》異《い》を起こし暴《あば》れたという。

もう1つは、濡《ぬ》れ衣《ぎぬ》を着せられ、惨《ざん》殺《さつ》された「お菊《きく》」という女の霊《れい》の話だ。城内の井戸にその霊《れい》が現《あらわ》れ、皿を数える声が聞こえてくるという……。

おそろしい妖女《ようじょ》に支配《しはい》された城

姫路城《ひめじじょう》の怪談《かいだん》に登場する女の妖怪《ようかい》・長壁姫《おさかべひめ》は、もともと姫路《ひめじ》城《じょう》が建《た》っている山の地主神だった。姫路城《ひめじじょう》が建《た》ったことで、下界の人間を見下ろせる城の天守《てんしゅ》閣《かく》に移《うつ》り住《す》んだようだ。

長壁姫《おさかべひめ》は、かなり気性《きしょう》が荒《あら》くおこりっぽい性格《せいかく》で、人間ぎらいがはげしい。人間たちがなまけていると、天変地異《てんぺんちい》を起こしてはげしく怒《いか》りをあらわにしていたという。江戸時代の怪談《かいだん》集《しゅう》『諸国百物語《しょこくひゃくものがたり》』には、すみかに人間が近づくと、3メートルほどの巨体《きょたい》に変身して、追いはらったという記述《きじゅつ》もある。

そんなおそろしい姫《ひめ》と、姫路《ひめじ》城《じょう》の歴代城主《れきだいじょうしゅ》たちは、年に一度会う機会があたえられていたという。ひとりで天守へと上り、姫《ひめ》をまつる儀式《ぎしき》をとり行わなければならなかったからだ。

現在《げんざい》、大天守の最上階《さいじょうかい》には長《おさ》壁神社《かべじんじゃ》という社《やしろ》が建つ。そこに長壁姫《おさかべひめ》がまつられている。連日多くの観光客が訪《おとず》れるものの、姫《ひめ》が怒《おこ》って何かしてくるということはないようだ。

しかし、天守へ上る階段《かいだん》で、いびつな奇妙《きみょう》な写真が撮《と》れるという話も聞く。これも姫《ひめ》のしわざなのだろうか？　姫《ひめ》の機嫌《きげん》を損《そこ》ねる行為《こうい》をすれば、罰《ばつ》があたえられるかもしれない……。要注意だ。

目撃情報

伝説のような天変地異《てんぺんちい》は起きていないが、姫路城《ひめじじょう》の天守内で撮《と》った写真がおかしい。階段《かいだん》で撮影《さつえい》したけど、ノーマルカメラなのに、異様《いよう》にゆがんだ階段《かいだん》が写っていた。カメラも故障《こしょう》していないし、何かの力がはたらいているんじゃ……。

大天守《だいてんしゅ》最上階《さいじょうかい》に建つ、長壁姫《おさかべひめ》がまつられている社《やしろ》。訪《おとず》れる観光客たちをいつも見ているのだろうか。

情報

井戸から聞こえる不気味な声

この姫路城《ひめじじょう》の外には、「お菊《きく》井戸《いど》」という井戸がある。この井戸は、『播州皿屋敷《はんしゅうさらやしき》』という怪談《かいだん》に深く関連する場所として知られている。

かつて、姫路城主《ひめじじょうしゅ》の家臣《かしん》だった青山鉄山《あおやまてっさん》という男が、城の乗っ取りをたくらんでいた。だが、別の家臣《かしん》がその情報《じょうほう》をつかみ、妻《つま》のお菊《きく》を青山家に送りこみ、鉄山《てっさん》たちのたくらみを阻止《そし》した。しかしのちに、大名《だいみょう》同士の大きな争いが起こり、そこで勝利を収《おさ》めた鉄山は、姫路城《ひめじじょう》を占領《せんりょう》することになる。

いっぽうで、鉄山《てっさん》の家来の町坪弾四郎《ちょうのつぼだんしろう》という男がお菊《きく》に好意をもっていた。しかし、お菊《きく》にまったく相手にされなかった弾四郎《だんしろう》は腹《はら》を立て、10枚ある家宝《かほう》の皿《さら》の、1枚をお菊《きく》が割《わ》ったと濡《ぬ》れ衣《ぎぬ》を着せた。お菊《きく》はその罪《つみ》により惨殺《さんさつ》され、死体をお菊井戸《きくいど》に投《な》げこまれた。それこそが、姫路城《ひめじじょう》にあるお菊井戸《きくいど》だ。それ以来、井戸からは「いちま～い、にま～い……」と、夜な夜な皿を数える女の声が聞こえるようになったという。

のちにお菊《きく》の行いがたたえられ、姫路城《ひめじじょう》の南西にある十二所《じゅうにしょ》神社《じんじゃ》に「菊姫命《きくひめのみこと》」としてまつられた。現在《げんざい》、声が聞こえることはなくなったが、彼女《かのじょ》の恨《うら》みが晴れたかどうかはわからない。

お菊井戸《きくいど》には金網《かなあみ》でふたがされているが、なかをのぞくことはできる。井戸は深く、暗い……。本当にもう、ここにお菊《きく》はいないのだろうか。

溺《おぼ》れたら最後、死体さえも見つからない 琵《び》琶《わ》湖《こ》・竹《ちく》生《ぶ》島《しま》

DATA

TYPE 現象

危険度	★★★
出現地	滋賀県長浜市《ながはまし》
特　徴	竹《ちく》生《ぶ》島《しま》付《ふ》近《きん》は水温が低く、水深が深いため、無数の死体が低温保《ほ》存《ぞん》されている。

人気観光地周辺に沈《しず》む大量の水死体

日本最大の湖「琵琶湖《びわこ》」の北部にある「竹生島《ちくぶしま》」。観光客でにぎわい、パワースポットとしても有名な島だ。

ところがこの島には奇妙《きみょう》なウワサがある。それは「付近で溺《おぼ》れた人の死体は見つからない」というものだ。実際《じっさい》に竹生島付《ちくぶしまふ》近《きん》で起こる転《てん》ぷく事故《じこ》では、行方不明者が多く、死体が見つからない場合も多いという。

さらには、大昔に亡《な》くなった落武者《おちむしゃ》の死体が現代《げんだい》になって発見されるという話も……。竹生《ちくぶ》島《しま》周辺にはいったい何が沈《しず》んでいるというのだろう。

平家の落武者《おちむしゃ》の死体が大量に！

実際《じっさい》に起こった死亡《しぼう》事故《じこ》の例としては、1941年、K大学のボート部の学生11人が犠牲《ぎせい》となったものが挙げられる。台風による転《てん》ぷく事故《じこ》で全員が死《し》亡《ぼう》。その遺体《いたい》が見つかるまでに、2カ月以上かかったという。いまほど捜索手段《そうさくしゅだん》が発達《はったつ》していない時代だったとはいえ、時間がかかりすぎている。あまりにも不自然だ。

これと似《に》たような事故《じこ》が830年以上前にも起きている。それは平安時代末期に起きた、壇ノ浦《だんのうら》の戦《たたか》いのときの話だ。戦いに敗《やぶ》れた平家の女性《じょせい》たちが、竹生島《ちくぶしま》ににげのびてきたという。そして、彼女《かのじょ》たちのあとを追って、平家の落武者《おちむしゃ》たちもまた、竹生島《ちくぶしま》へと向かった。そのときに運悪く台風が直撃《ちょくげき》し、落武者《おちむしゃ》らの乗った船は転ぷく。そのまま湖の底へと沈んでいったのだ。

当時は現在《げんざい》のように、捜索《そうさく》をする手段《しゅだん》も、機関もなく、死体を引き上げてくれる人はいなかった。よって、竹生島《ちくぶしま》の付近には平家の落武者《おちむしゃ》の死体が数多《かずおお》く沈《しず》んでいるといわれている。

そしてそのときの死体が、いまになってうかび上がり、発見されるというウワサ話もあるのだ。そんなことが本当にありえるのだろうか。

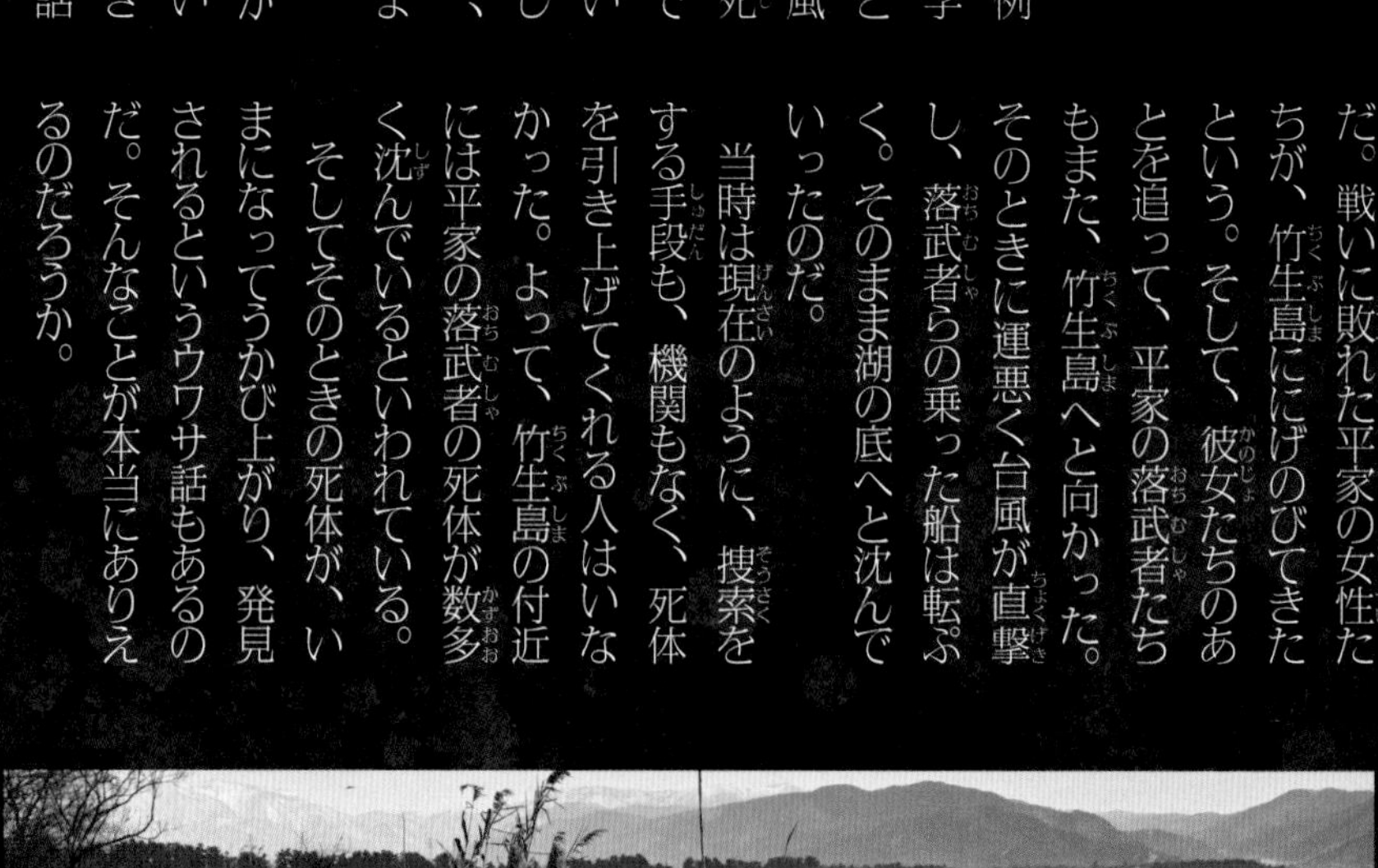

目撃情報

琵琶湖《びわこ》で釣《つ》りをしていたら、浮《う》かんでいる死体を見つけたという人は多く、釣《つ》り上《あ》げたという人もいるほどだ。

湖にうかぶ死体が多数発見されている。岸に打ち上げられていることも。

調査

現在も落武者《おちむしゃ》の死体はあるのか？

最近の死体がどこかに引っかかり、数カ月後に見つかるということはあるかもしれないが、平安時代の落武者《おちむしゃ》の死体が見つかるとはふつう考えられない。

ところが、1971年、鎧《よろい》を着た落武者《おちむしゃ》の死体を地元の漁師《りょうし》が実際《じっさい》に発見したという。

竹生島《ちくぶしま》の周辺は、水深が100メートルに達する場所もあり、琵琶湖《びわこ》のなかでももっとも深いようだ。「溺《おぼ》れてしまった場合、二度と水面に上がってくることができない」という話があるようだが、それも納得《なっとく》できる。

注目すべきは水温だ。湖の底には割《わ》れ目《め》があり、そこから冷たい水がわき出ているため、湖底の水温は夏でも5℃《ど》前後と、かなり低い。つまり、そこに沈《しず》んでいる死体は、巨大《きょだい》な冷蔵庫《れいぞうこ》で保存《ほぞん》されているようなものなので、死体がくさらず残っているのかもしれない。

結果

可能性大《かのうせいだい》！

琵琶湖《びわこ》に沈《しず》んだ無数の水死体が、いまもまだ湖の底に残っている可能性《かのうせい》はかなり高い。琵琶《びわ》湖《こ》で人魂《ひとだま》を見たという情報《じょうほう》もあるが、それだけ多《おお》くの死体が眠《ねむ》る島だ。周りに霊《れい》が集まるのもうなずける。

近畿地方

注目！

琵琶湖《びわこ》の面積は約670平方キロもあり、滋賀県の約6分の1を占める。そんな広大な湖のうち、竹生島《ちくぶしま》の周辺がもっとも深く、水深100メートルにおよぶ場所もある。

泉《いずみ》の広《ひろ》場《ば》

大阪・梅《うめ》田《だ》のダンジョンをさまよい続ける女

DATA

TYPE 人型

危険度	★
出現地	大阪府大阪《おおさか》市《し》
特　徴	泉《いずみ》の広場をさまよう赤い服を着た正体不明の女。目玉が真っ黒で不気味。

地下街に現《あらわ》れる正体不明の奇妙《きみょう》な女

大阪梅田《おおさかうめだ》の地下街といえば、日本最大級の迷路《めいろ》の1つとして有名。各鉄道路線の通路が入り組み、地元の人でも迷うため、「梅田《うめだ》ダンジョン」と呼《よ》ばれているのだ。

大阪メトロ谷町線《たにまちせん》・東梅田駅《ひがしうめだえき》を越《こ》えた先にある「泉《いずみ》の広場《ひろば》」。待ち合わせ場所としてよく使われるこの広場では、奇妙《きみょう》な女が何度も目撃《もくげき》されている。

ところが女の正体は不明。霊《れい》であるのか人であるのかすらわかっていない。その女と目が合うと、人間とは思えない不気味な表情《ひょうじょう》を……。

一見すると美女だが目が真っ黒で不気味

梅田の地下街にある店のシャッターがすべて下《お》りる時間帯に、その女は現《あらわ》れる。おおよそ22時ごろに泉《いずみ》の広場《ひろば》にいると、赤い服を着た女が近づいてくるというのだ。異様《いよう》な速さで近づいてくるという証言《しょうげん》もあり、その時点でなかなか気持ちが悪い。

出くわしたときに金縛《かなしば》りにあったという人はいるものの、近づいてくるだけで、危害《きがい》を加えてくるようすはとくにないという。ただこちらをじーっと見つめたまま、黙《だま》って寄《よ》ってくるだけなのだ。

女の容姿《ようし》は、ぱっと見た印象《いんしょう》だとかなりの美人で、同性でも見惚《みほ》れてしまうほどだという。うっかり見惚《みほ》れていると、目の前までできた女の目が一変する。

それまでふつうだった女の目は、白目まで墨汁《ぼくじゅう》でぬりつぶしたように真っ黒に変わってしまうというのだ。じつに奇妙《きみょう》で、おそろしい。

この女のウワサはかなり昔から存在《そんざい》しているが、目撃《もくげき》されている女が同一人《どういつじん》物なのかどうかはわからない。だが仮《かり》に同一人物説《ぶっせつ》をとなえるとするならば、どの時代に目撃《もくげき》される女も若《わか》く、年を取っていない。そうなると、女は人間ではなく、霊的《れいてき》存在《そんざい》だといえるだろう。

目撃情報

泉《いずみ》の広場《ひろば》で人と待ち合わせをしたときに、噴水《ふんすい》の前に真っ赤な服を着た髪《かみ》の長い女が立っていた。すごい速さで近寄《ちかよ》ってきたと思ったら、白目が一瞬《いっしゅん》で真っ黒になって……、なんて証言《しょうげん》も。

かつては泉《いずみ》の広場という名《な》にふさわしい立派《りっぱ》な噴水《ふんすい》があったが、2019年に取り壊された。

調査

眠らぬ街に現《あらわ》れる女。霊《れい》か？　人間か？

22時という遅《おそ》い時間《じかん》でも、泉《いずみ》の広場《ひろば》には帰宅《きたく》を急ぐ多くの人たちが行き交っている。そんなところに堂々《どうどう》と、霊《れい》が現《あらわ》れるのだろうか。

じつは、女を見たというウワサは夜だけにかぎらなかった。朝方の通勤時間《つうきんじかん》、泉《いずみ》の広場《ひろば》でうずくまって何かを探しているスーツの女がいたという目撃証言《もくげきしょうげん》があるのだ。その女もまた、声もなくこちらを振《ふ》り向くと、目玉が真っ黒だったという。服装《ふくそう》こそちがうものの、目玉が黒いという特徴《とくちょう》は例の女と同じだ。女の正体が霊《れい》だとして、朝に出没《しゅつぼつ》するということはありえるのだろうか。

現在《げんざい》はリニューアルされ明るい雰囲気《ふんいき》だが、昔はうす暗く重い空気がただよっていた。そういった場所には霊《れい》が集まりやすい。また、水《みず》のある場所も霊《れい》が集まりやすいとされるため、霊《れい》の可能性《かのうせい》も捨てきれない。

結果

要再調査《ようさいちょうさ》……

いま集めた情報《じょうほう》では、霊《れい》なのか人間なのか判断《はんだん》は難《むずか》しい。ほぼ害《がい》はない女だが、目撃者《もくげきしゃ》のなかには、「殺《ころ》す」とささやかれたという人も。安全とも言い切れないので、今後も調査《ちょうさ》をする必要がありそうだ。

注目！

シャッターが下りた22時以降《いこう》でも人々の帰宅のタイミングと重なるため、人通りは多い。道幅《みちはば》は狭《せま》く、奇妙《きみょう》な女がいたらすぐに気づくはずだ。

事《じ》故《こ》死《し》した人数は
100人以上
危《き》険《けん》すぎるトンネル

旧《きゅう》生《い》駒《こま》トンネル

DATA

TYPE 怨霊

危険度	★★★★
出現地	大阪府東大阪市《ひがしおおさかし》
特徴	4度《ど》も大事故《だいじこ》があり、100人《にん》以《い》上《じょう》の魂《たましい》が眠《ねむ》るトンネル。

厳重《げんじゅう》に封鎖《ふうさ》された大阪の心霊《しんれい》スポット

大阪府東大阪市《ひがしおおさかし》の近鉄奈良線《きんてつならせん》石切駅《いしきりえき》近くにある旧生駒《きゅういこま》トンネルは、合計100人以上の死者を出したトンネルだ。現在《げんざい》もトンネル自体は残っているが、鉄《てつ》の扉《とびら》で厳重《げんじゅう》に封鎖《ふうさ》されている。

心霊《しんれい》スポットは全国に点在《てんざい》するが、なかでも旧生駒《きゅういこま》トンネルは、上位に入る危険《きけん》な場所だ。その理由は、事故《じこ》の多さにある。事故《じこ》を受け封鎖《ふうさ》されてからも、閉《と》じこめられた無数の怨《おん》霊《りょう》が、いまも成仏《じょうぶつ》できずにさまよっている。

情報

不可解《ふかかい》な現象多数《げんしょうたすう》！心霊現象《しんれいげんしょう》の巣窟《そうくつ》

ふだんは鉄の扉《とびら》で閉ざされている旧生駒《きゅういこま》トンネルだが、トンネルの前までは行くことができる。その光景はかなり不気味で、夏場の暑い時期でもひんやりと冷気を感じる。

全国でも有名な心霊《しんれい》スポットということもあり、心霊現象《しんれいげんしょう》を体験したという声も多数あがっている。これはトンネルが使われていた時代に、トンネル内を電車が走っていたときの話だ。車内には人がちらほらいる程《てい》度《ど》。ところが、このトンネルを通過《つうか》するときだけ、突然満員列《とつぜんまんいんれっ》車《しゃ》に見えるという現象《げんしょう》が起きたのだ。

また、電車の窓に無数の人影《ひとかげ》が見えたという話もある。旧生《きゅうい》駒《こま》トンネルは非常《ひじょう》に小《ち》さなトンネルだったので、当然トンネル内に人が立ち入るということはありえない。そのため、霊《れい》のしわざではないかとウワサされている。

さらに、トンネルが使われなくなった後でも不可思議《ふかしぎ》な現象《げんしょう》が起き続けている。たとえば、トンネル内から足音が聞こえるというウワサがある。しかしトンネルは人が入れないように閉《へい》鎖《さ》されているので、足音がするはずがないのだ。それは人ではない、何者かの足音なのではないだろうか。

目撃情報

トンネル付近で男性や老人《ろうじん》、子どもなど、さまざまな人影《ひとかげ》の目《もく》撃情報《げきじょうほう》や、足音やうめき声を聞いたという人が多数いる。

厳重《げんじゅう》に閉《と》じられた鉄《てつ》の扉《とびら》には、「無断立入禁止《むだんたちいりきんし》」という 注意書きがはられている。けっして無《む》断《だん》で入らないように。

調査

成仏《じょうぶつ》できない霊《れい》は本当にいるのか?

不可解《ふかかい》な現象《げんしょう》が霊《れい》のせいだとすれば、事故《じこ》で亡《な》くなった人たちが成仏《じょうぶつ》できず、悪さをしているのだろうか? ここで起きた事故《じこ》について調査《ちょうさ》してみよう。

4度の事故《じこ》のうち、1回目は1913年、工事中にトンネル内の天井がくずれ落ちる事故《じこ》だった。152名が生《い》き埋《う》めになり、20名が死亡《しぼう》した。次《つぎ》の事故《じこ》は1946年。トンネル内で信号待ちしていた電車に、後《うし》ろからきた電車がぶつかり18名《めい》の死者が出た。その翌年《よくねん》にトンネル内を走行中の列車が突然《とつぜん》燃《も》え始め、28名が亡《な》くなった。そしてさらに翌年《よくとし》、列車の暴走事故《ぼうそうじこ》により49名が死亡《しぼう》。計115名の犠牲者《ぎせいしゃ》を出している。

2回目以降《いこう》が3年連続で起きている点が気にかかる。整備不良《せいびふりょう》による事故《じこ》かもしれないが、突然《とつぜん》燃《も》えたり暴走《ぼうそう》したり、不可解《ふかかい》な点もある。苦《くる》しんで死んでいった人たちは、無念でこの世への未練もあるにちがいない。

結果

かなり危険《きけん》!

事件《じけん》の経緯《けいい》から、ここで亡《な》くなった人は相当の恨《うら》みがあったと予想される。成仏《じょうぶつ》できない霊《れい》が多数いてもおかしくない。うかつに近づくと霊《れい》に取りつかれる可能性《かのうせい》がある。

注目!

出口が見えず、うす暗いトンネル内には、100人以上の魂《たましい》が眠《ねむ》っている。

特集

トンネルにまつわる怖《こわ》い話

閉鎖的空間《へいさてきくうかん》で起きる心霊現象《しんれいげんしょう》のワケは？

死亡事故《しぼうじこ》が多く霊《れい》が集まりやすい

全国各地に心霊《しんれい》スポットは存在《そんざい》するが、なかでも「トンネル」は心霊《しんれい》スポットだ。それは一体なぜなのだろうか。

まず理由として、トンネルは事故《じこ》が多いという点が挙げられる。事故《じこ》の原因《げんいん》として一番多いのは運転ミスだ。トンネルは、出入口で急に暗くなったり明るくなったりするため、一瞬《いっしゅん》前が見えにくくなることがある。視界《しかい》が悪くなり、運転ミスを引き起こすのだ。

また、目が周りの明るさや暗さに慣《な》れて見えやすくなるまで数秒以上かかる。そのため、ドライバーはトンネルへ出入りする瞬間《しゅんかん》、不安を感じて速度を落とす傾向《けいこう》がある。その際《さい》、前後の車との距離《きょり》が十分ないまま走行し、追突事故《ついとつじこ》が起こる危険性《きけんせい》が高まるのだ。

さらに、トンネルは長ければ長いほど景色に変化がなく、眠気《ねむけ》をもよおすこともありえる。視界不良《しかいふりょう》のうえに注意散漫《ちゅういさんまん》になれば、ほかの車も巻《ま》きこむ大きな事故《じこ》を起こすことが多いのだ。

じつは、トンネルは火災《かさい》が起きやすい場所でもある。事故《じこ》が起こり、ガスがもれ出してしまえば、爆発《ばくはつ》が起こってもおかしくはない。そうなれば多くの死傷者《ししょうしゃ》が出てしまうことは、簡単《かんたん》に想像《そうぞう》できるだろう。

そういった理由によりトンネルでは死亡事故《しぼうじこ》が起《お》こりやすく、死者の霊《れい》が集まりやすい場所だといわれている。大きな事故《じこ》が起こった現場《げんば》だと、死者数も増《ふ》え、より多くの霊《れい》が成仏《じょうぶつ》できずにさまよっていると考えていいだろう。危険《きけん》だとウワサされているトンネルを、遊び半分で訪《おとず》れるのはおすすめできない。

トンネルは湿気《しっけ》が多く霊《れい》が好む場所

心霊《しんれい》スポットに霊《れい》が集まってくるのは、事故《じこ》が起こりやすいからという理由だけではない。よくいわれるのは、トンネルをつくる過程《かてい》で起きた事故《じこ》や、過労《かろう》により作業員が亡《な》くなり、その死者がトンネル内で生《い》き埋《う》めになっていることもあるのだそうだ。

また、トンネルの構造上《こうぞうじょう》、遠くの音も反響《はんきょう》しやすいから奇妙《きみょう》な声や音が聞こえやすかったり、昔ながらのトンネルは中心部に圧力《あつりょく》がかかってせまく、出入口は広《ひろ》くなっているため、中にいろんなものを引《ひ》き寄《よ》せたりするともいわれている。

そのほか、霊《れい》は湿気《しっけ》がたまりやすいところに多く出るという傾向《けいこう》がある。トンネル内は湿気《しっけ》が多く、霊《れい》が好みやすい環境《かんきょう》であるのはまちがいないだろう。神奈川県にある山神《やまのかみ》トンネルはその代表格《だいひょうかく》で、関東で5本の指に入《はい》るトンネルの心霊《しんれい》スポットだ。建設中《けんせつちゅう》の事故《じこ》、神隠《かみかく》し事件《じけん》、殺《さつ》人事件《じんじけん》なども起こっており、かなり危険度《きけんど》が高《たか》い。訪《おとず》れる際《さい》は、注意が必要な場所だ。

山神トンネル

山神隧道《やまのかみずいどう》とも呼ばれる山神《やまのかみ》トンネルは、神奈川県で有名な心霊《しんれい》スポットだ。作業服を着た男や、白い服を着た女の霊《れい》などが目撃《もくげき》されている。

中国・四国地方

1 縄筋《なわすじ》・ナメラスジ 140
2 石見畳ケ浦《いわみたたみがうら》・賽《さい》の河原《かわら》 146
3 首切峠《くびきりとうげ》 150
4 保瀬《ほせ》 154
5 吉良神社《きらじんじゃ》 158

鳥取県
島根県
2
岡山県
1
広島県
香川県
3
山口県
徳島県
4
高知県
愛媛県
5

縄《なわ》筋《すじ》・ナメラスジ

「たたり神」がすむ、
悪いことばかり
起こる道

DATA

TYPE 現象

危険度	★★★
出現地	岡山県玉野市《おかやまけんたまのし》
特　徴	「縄筋《なわすじ》」と呼《よ》ばれる場所では店がつぶれたり、家が不幸に見舞《みま》われたりする。

地元民は避《さ》ける魔物《まもの》の通り道

中国・四国地方には「縄筋《なわすじ》」と呼《よ》ばれる道があったという。この道は「魔物《まもの》の通《とお》り道《みち》」とされ、そこに民家が建てば住んでいる人は不幸に見舞《みま》われ、店が建てば長続きせずにつぶれるような、不吉な場所だとされ、地元の人からは避《さ》けられていた。

そんな場所が、岡山県では「ナメラスジ」と呼ばれ、現在《げんざい》も残っているというのだ。車がやっと1台通れるくらいの「地《じ》蔵嵶《ぞうたわ》」という峠道《とうげみち》。そこには牛の魔物《まもの》がいて、通るものの邪魔《じゃま》をするというのだが……。

情報

縄筋《なわすじ》で起こる数々の怪奇《かいき》現象《げんしょう》

縄筋《なわすじ》とは、中国・四国地方、とくに瀬戸《せと》内海《ないかい》を囲《かこ》む地域《ちいき》に残る伝承《でんしょう》だ。たとえば、新しく店ができてもすぐつぶれて長続きしないというような場所に心当たりはないだろうか。駅から遠いなど立地の問題もあるだろうが、日本の土地には、神様や精《せい》霊《れい》、魔物《まもの》などが宿っているため、それらのしわざということも考えられる。

1939年ごろ、香川県で、古くからある道の一部をつぶして新道がつくられた。そのとき、建設現場《けんせつげんば》に泊《と》まりこんでいた村の職員《しょくいん》が、寝ている間に何者かに首をしめられたというウワサがある。

また、風もなく地震《じしん》があったわけでもないのに部屋の家具がゆれるという怪奇現象《かいきげんしょう》が発生。その後も現象《げんしょう》は続いたため、おはらいを行ったところ、怪奇現《かいきげん》象《しょう》はおさまったという。ここから、不吉な道には魔物《まもの》がすむと考えられるようになった。

岡山県では、ナメラスジと呼《よ》ばれる道で、同じようなことが起こっている。岡山県玉野市《たまのし》の尾坂《おさか》トンネルの脇《わき》から入《はい》った「地蔵嵶《じぞうたわ》」と呼《よ》ばれる道を夜に通ると、牛が横たわり通してくれなかったという。人々は「魔《ま》の道《みち》」と呼《よ》び、だれもそこを通らなくなったという。

尾坂《おさか》トンネルの脇《わき》にある小道を入ると、その先に「地蔵嵶《じぞうたわ》」がある。その道は、ナメラスジ、または「魔《ま》の道《みち》」と呼《よ》ばれ、だれも通らなくなった。

調査

怪奇現象《かいきげんしょう》の原因《げんいん》は魔物《まもの》なのか?

縄筋《なわすじ》やナメラスジで起こる怪《かい》奇現象《きげんしょう》は、たまたまではないのだろうか? 魔物《まもの》のしわざという可能性《かのうせい》も考えて、調査《ちょうさ》してみよう。

岡山県の場合、もともとは神の使者が通る道をナメラスジと呼《よ》んでいたことがわかった。その後、いつのころからか、人々の神への信仰心《しんこうしん》がなくなっていったという。

そのため、おだやかだった神が「あらぶる神」「たたり神」へと変わっていったという可能《かのう》性《せい》は高《たか》い。そしてたたり神となった神々は、ナメラスジを岡山の各地につくり、人々に警告《けいこく》しているのではないだろうか。

ナメラスジで起きる怪奇現象《かいきげんしょう》や不幸なできごとが、その土地にいた神々のしわざと仮定《かてい》すると、「その土地にすむ神々をあがめ、信仰《しんこう》しなければ、不幸なことが起こるぞ」というメッセージなのかもしれない。

結果

可能性大《かのうせいだい》!

現在魔《げんざいま》の通《とお》り道《みち》と呼《よ》ばれる場所をさけ、人々は暮《く》らしている。しかし、神をおそれない人間の態度《たいど》が神を怒《おこ》らせ、その怒《いか》りがいまだしずまっていない可能性《かのうせい》は高《たか》い。うかつに近づくと、不幸にみまわれるだろう。

注目!

地蔵峪《じぞうたわ》を進んでいくとさびれた地蔵《じぞう》が立《た》つ。神を信じる心がうすれたことで、怒《おこ》っているのだろうか……。

特集

異世界《いせかい》へとつながる場所

海底や地底には、わたしたちの知らない異世界《いせかい》が広がっている

ネズミの穴《あな》は異世界《いせかい》への出入口!?

『おむすびころりん』という昔話を知っているだろうか。山でお昼ごはんを食べていたおじいさんが、地面の穴《あな》から顔を出したネズミにおにぎりやおだんごを分けあたえた。ところが、おじいさんはうっかりおにぎりを落としてしまう。おにぎりは斜面《しゃめん》をコロコロ転がって穴《あな》の中《なか》へ……。おじいさんはそれを追って地中へ転がり落ちた。

地中にある広場は、ネズミたちが歌ったり、踊《おど》ったりする楽園だった。ネズミたちはおにぎりを分けてくれたお礼に、おじいさんを歓迎《かんげい》したという話だ。

『おむすびころりん』では、地面に開いている穴《あな》はネズミの通路であるだけでなく、地中に広がる楽園の出入口として描《えが》かれている。

このように、昔話や神話を読むと、昔の人は自分が暮《く》らす地域《ちいき》のあちこちに異世界《いせかい》へとつながる場所があると考えていたことがわかる。たとえば海、山頂《さんちょう》、森、川辺、湖、井戸、洞窟《どうくつ》……。

そこは人間界と異世界《いせかい》がつながると同時に、異世界《いせかい》から使者や妖怪《ようかい》がやってくる場所でもある。ときには人が迷《まよ》いこみ、二度と帰ってこないこともあり、昔《むかし》の人はそれを「神隠《かみかく》し」と呼《よ》んだ。

海の底にある理想郷《りそうきょう》「常世《とこよ》の国《くに》」

海神《わだつみ》の大綿津見《おおわたつみ》がすむ海底の国として、「綿津見国《わたつみのくに》」が日本神話に登場する。また、古代日本では異世界《いせかい》のことを「常世《とこよ》の国《くに》」「海神《わだつみ》の国《くに》」と呼《よ》んでいた。そういった点から、太古の日本人は海底に理想郷《りそうきょう》があると信じていたことがわかる。そこは時間が止まった不老不死《ふろうふし》の世界であり、若返《わかがえ》りができる異世界《いせかい》なのだ。

三重県伊勢市《いせし》にある夫婦岩《めおといわ》。大岩と小岩を結ぶ注連縄《しめなわ》は「結界《けっかい》の縄《なわ》」と呼ばれ、夫婦岩《めおといわ》の向こう側は、常世神《とこよのかみ》がやってくる聖《せい》なる場所とされている。

昔話『浦島太郎《うらしまたろう》』はカメに連れられ訪《おとず》れた竜宮城《りゅうぐうじょう》で毎日宴会《えんかい》を開いた。しかし、家のことが気になり、太郎《たろう》が地上へ戻《もど》ると、300年が過《す》ぎていた。この間、太郎《たろう》は年をとっていない。つまり、時間が止まった世界にいたということだ。老《お》いをきらい、おそれる者にとってまさに理《り》想郷《そうきょう》といえよう。

また日本神話には、「黄泉《よみ》の国《くに》」と呼《よ》ばれる死者の国や地下に「根《ね》の国《くに》」と呼《よ》ばれる世界もあると記されており、この世からそれらの国へとつながる通路があると考えられていた。『古事記《こじき》』では、出雲国《いずものくに》（現在《げんざい》の島根県）にある「黄泉比良坂《よもつひらさか》」が現世《げんせ》の境目《さかいめ》として紹介《しょうかい》されている。そこを通れば黄泉《よみ》の国《くに》へは行けるかもしれないが、こちら側へもどる通路はだれも知らない。

黄泉《よみ》の国《くに》と根《ね》の国《くに》の入口だという説がある黄泉比良坂《よもつひらさか》。そこには日本神話に登場する男《お》神《がみ》「イザナギ」が黄泉《よみ》の国《くに》への入口をふさいだとされる「千引《ちびき》の岩」がある。

いないはずの子どもが写真に写りこむ

DATA

TYPE 霊魂

危険度	★★★★
出現地	島根県浜田市《はまだし》
特　徴	海の事故《じこ》や自殺者《じさつしゃ》が多い場所で、写真を撮《と》ると子どもの霊《れい》が写りこむ。

石見《いわみ》畳《たたみ》ケ《が》浦《うら》・賽《さい》の河原《かわら》

人気の観光地には死体が流れ着《つ》く

石見畳ケ浦《いわみたたみがうら》は、島根県でもっとも人気の観光地だ。平らな岩盤《がんばん》がたくさんの畳《たたみ》を敷《し》きつめたように見えることから、「千畳敷《せんじょうじき》」とも呼《よ》ばれ、国の天然記念物にも指定されている。

そのいっぽうで、心霊《しんれい》スポットとしても有名な場所だ。とりわけ海岸に向かう途中《とちゅう》にある「賽《さい》の河原《かわら》」と呼《よ》ばれる洞窟《どうくつ》での心霊体験《しんれいたいけん》が多い。

この洞窟《どうくつ》には、水死体がたびたび流れ着くという。そのため、ここで写真を撮影《さつえい》すると、そこにはいない人が写りこむ。

情報

賽《さい》の河原《かわら》という名は三途《さんず》の川《かわ》に由来する

石見畳ヶ浦《いわみたたみがうら》の賽《さい》の河原《かわら》には、たびたび水死体が流れ着く。その理由は、周りの海水の流れにあった。

もともと石見畳ヶ浦《いわみたたみがうら》の近海では海難事故《かいなんじこ》が多発し、海に飛びこむ自殺者《じさつしゃ》の数も多かった。それらの死体が海流の関係で流れ着くのだという。そのため、ここで記念撮影《きねんさつえい》をするとそこにいないはずの人影《ひとかげ》が写りこむという証言《しょうげん》が多い。そのほかにも、白いもやのような物体を見た、だれもいないのに笑い声がしたというような情報《じょうほう》もある。

賽《さい》の河原《かわら》という名前は、死んだ人が渡《わた》るとされる「三途《さんず》の川《かわ》」にある河原《かわら》の名前にちなんでつけられている。親より先に死んだ子どもは、あの世に渡《わた》るため、三途《さんず》の川《かわ》にある賽《さい》の河原《かわら》で石を積み上げ、塔《とう》をつくるといわれている。しかし、完成する寸前《すんぜん》に鬼《おに》が現《あらわ》れ壊《こわ》してしまうので、塔《とう》は完成せず、ずっとあの世へ行けないのだ。

石見畳ヶ浦《いわみたたみがうら》の賽《さい》の河原《かわら》の岩はでこぼこになっていて、岩と岩の間には、丸い石がはさまっている。石積みした子どもがはめこんだようだ。もしかすると、ここに流れ着いた子どもたちの霊《れい》が、石を積んでいるのかもしれない。

目撃情報

白い服を着た女の霊《れい》や、いるはずのない子どもの笑い声が聞こえたという情報《じょうほう》が。心霊写真《しんれいしゃしん》が撮《と》れたという人も多い。

この岸に水死体が流れ着くのだろうか。洞窟《どうくつ》の壁《かべ》にはさまる丸い石を見ていると、子どもが石積みをした跡《あと》にも見えてくる。

にぎやかな場所に集まる子どもの霊《れい》

石見畳ヶ浦《いわみたたみがうら》の賽《さい》の河原《かわら》には、子どもの霊《れい》を成仏《じょうぶつ》させるため、「穴観音《あなかんのん》」がまつられたお堂《どう》が建てられている。そのまわりに置かれた仏像《ぶつぞう》や地蔵《じぞう》は、水子供《みずこく》養《よう》のためのものだ。

水子とは、母親のおなかのなかで、または生まれて間もなく亡《な》くなった赤ちゃんのことを指す。その死体がここに多く流れ着いたため、供養《くよう》するための地《じ》蔵《ぞう》が置かれたのだろう。

昔の日本は、貴族《きぞく》や武家《ぶけ》以外でまともな暮らしができたのは町人くらいで、村で暮らす人々はかなり貧《まず》しく、子どもが生まれても育てられないことも多かったという。

そういった子どもは、山や村では川へ、海に近い場合は海へ流すという、おそろしい風習があった。川から海へと流され、海流によって、この場所へ多くの水子が流れ着いたことも予想がつく。

霊《れい》が集まる場所といえば、暗く静かで、人気のない場所を想《そう》像《ぞう》する人が多いだろう。ところが、人がたくさんいて、にぎわっている場所にこそ、霊《れい》が集まるという説もある。だからこそ、観光客が集まる石見畳ヶ浦《いわみたたみがうら》には、さみしい思いをしている子どもの霊《れい》が多く集まってくるのかもしれない。

賽《さい》の河原《かわら》にある「穴観音《あなかんのん》」がまつられたお堂《どう》。その横には地蔵《じぞう》が並《なら》ぶ。

DATA

TYPE 人型

危険度	★★★
出現地	香川県仲多度郡《なかたどぐん》まんのう町《ちょう》と綾川町《あやがわちょう》の境《さかい》
特　徴	首のない落武者《おちむしゃ》の霊《れい》が現《あらわ》れたり、うめき声が聞《き》こえたりする。

首《くび》切《きり》峠《とうげ》

首のない落武者《おちむしゃ》の霊《れい》がさまよう

武士《ぶし》らの無念《むねん》はいまだ晴れず

香川県南西部に位置する、まんのう町《ちょう》と綾川町《あやがわちょう》の境《さかい》に「首切《くびきり》峠《とうげ》」がある。名前だけでもかなり不気味だが、ここでは奇妙《きみょう》でおそろしい現象《げんしょう》がたびたび目撃《もくげき》されている。

暗くなったころにこの峠《とうげ》を通ると、うめき声が聞こえてきたり、峠《とうげ》の名のとおり、首のない武士《ぶし》の霊《れい》を見《み》たりという人が絶えないのだ。ここでは昔、多くの武士《ぶし》が斬首《ざんしゅ》されたという。それ以来、彼《かれ》らの無念《むねん》は晴れることなく、首のないまま、いまもさまよっている。

不気味な名の由来は斬首《ざんしゅ》された武士《ぶし》たち

この峠《とうげ》には、なぜこんな不気味な名前がついているのだろうか。その理由は戦国時代にまでさかのぼる。かつてこの地には、造田城《そうだじょう》という城があった。城主の造田《そうた》備中守《びっちゅうのかみ》宗俊《むねとし》は、この地方で勢力《せいりょく》のあった羽床氏《はゆかし》の七《しち》人衆《にんしゅう》に数えられる戦国武将《せんごくぶしょう》だった。ところが、1579年、敵《てき》である長宗我部元親《ちょうそかべもとちか》の大軍に攻《せ》められて造田城《そうだじょう》は落城。城主の宗俊《むねとし》は城に火をつけ、みずからの命を絶ったのだ。そして、そのとき生き残った家来は、この峠《とうげ》で首を斬《き》り、絶命したという。そこから首切峠《くびきりとうげ》と呼《よ》ばれるようになった。

首切峠《くびきりとうげ》を登りきった場所にある脇道《わきみち》は旧道《きゅうどう》だ。旧道《きゅうどう》を少し進むと「首切地蔵《くびきりじぞう》」と呼《よ》ばれる地蔵《じぞう》が現《あらわ》れる。この地蔵《じぞう》は、造田城《そうだじょう》の落城から266年後の1845年、宗俊《むねとし》とその家来のために地元の人々がまつったものだという。

また、もう1つある石碑《せきひ》は、宗俊《むねとし》の子孫《しそん》が立てたものだとされる。石碑《せきひ》の後ろには、宗俊《むねとし》をまつったと考えられるほこらがあり、彼《かれ》らの無念《むねん》を晴らそうとした痕跡《こんせき》が見られる。それでもなお、この地には首のない武士《ぶし》の霊《れい》がさまよっている。うらみが消えることはあるのだろうか……。

目撃情報

「日没《にちぼつ》になると峠《とうげ》でうめき声が聞こえる」「首のない落武者《おちむしゃ》が歩いていた」という情報《じょうほう》が現在《げんざい》も絶《た》えず寄《よ》せられている。

首切地蔵《くびきりじぞう》には「三界万霊塔弘《さんがいはんれいとうこう》化《か》2年3月」と刻《きざ》まれており、造田備中守宗俊《そうだびっちゅうのかみむねとし》とその家来のためにまつったことがわかる。

情報

庄屋《しょうや》が首をはねられた峠《とうげ》

この峠《とうげ》の名前《なまえ》の由来について、戦国時代の話をしてきた。しかしこの峠《とうげ》では、江戸時代にも斬首事件《ざんしゅじけん》が起《お》こっている。

大名がこの峠《とうげ》を越えようとしたときのことだ。地元の庄屋《しょうや》（現代《げんだい》の村長のような役目の人）が、その大名に年貢《ねんぐ》の引き下げを直談判《じかだんぱん》したという。大名はそれを受け入れたが、その代《か》わりに、庄屋《しょうや》の首をその場ではねたといわれている。

一説では、この庄屋斬首事件《しょうやざんしゅじけん》を機《き》に、この峠《とうげ》が首切峠《くびきりとうげ》と呼《よ》ばれるようになったという話もあるようだ。どちらにしても、この峠《とうげ》が首を斬《き》られた人のうらみや無念《むねん》が残る場所だということに変わりはない。罪《つみ》もなく斬首《ざんしゅ》された人たちの無念《むねん》は、いくら供養《くよう》しても足りないくらいだ。

首のない霊《れい》の目撃情報《もくげきじょうほう》は、現在《げんざい》も寄《よ》せられている。この峠《とうげ》を車で通りかかったある男性の証言《しょうげん》によれば、「道路の真ん中に人が立っていた。車のライトに照《て》らされたその人間には頭部がなかった」と話し、こわくてにげている最中にうめき声を聞いたとも証言《しょうげん》している。それが真実であれば、かつてこの峠《とうげ》で斬首《ざんしゅ》された者《もの》たちは今日《こんにち》まで遺恨《いこん》を抱《いだ》いたまま成仏《じょうぶつ》できず、首のない霊《れい》となって夜な夜なさまよい歩いているのかもしれない。

道路標識《どうろひょうしき》に記された「首切峠《くびきりとうげ》」。その文字は、見るだけでも不気味だ。

集落を
壊《かい》滅《めつ》させるほどの
強い怨《おん》念《ねん》
保《ほ》瀬《せ》

史上最悪の災害《さいがい》を生んだ母子の呪《のろ》い

かつて徳島県には、川上村《かわかみそん》保《ほ》瀬《せ》（現在《げんざい》の平井《ひらい》保勢《ほせ》）という村があった。しかし、豪雨《ごうう》による災害《さいがい》で、家屋、田畑、道路は激《げき》流《りゅう》に飲みこまれ、集落が消え去《さ》った。

47人の村人の命がうばわれた災害《さいがい》だが、「保瀬《ほせ》が滅《ほろ》びたのは母子の怨念《おんねん》のせいだ」と一部ではささやかれているという。時代をさかのぼると、村から除《の》け者《もの》にされた母子の自死が、村《むら》を壊滅《かいめつ》させるほどの呪《のろ》いを生み出したというのだ。

DATA

TYPE 怨霊

危険度	★★★★
出現地	徳島県海《かい》部《ふ》郡《ぐん》海《かい》陽《よう》町《ちょう》
特　徴	徳島県で大災害《だいさいがい》を引き起こしたとされるのは、自殺《じさつ》した母子の怨念《おんねん》だった。

村八分にされた者の呪《のろ》いの言葉

江戸時代、お杉という女性が3歳になる娘《むすめ》のお玉を連れて、保瀬《ほせ》に嫁《とつ》いできたという。そのとき、集落の権力者《けんりょくしゃ》である矢八《やはち》に愛人《あいじん》になるよう言《い》い寄《よ》られたが、必死に抵抗《ていこう》し、にげていた。そのことで矢八《やはち》はお杉《すぎ》を逆《さか》うらみし、陰湿《いんしつ》なイジメをするようになる。そのイジメは村全体で行われるようになり、お杉は村八分（村全体が口裏《くちうら》を合わせ、特定の人物・家庭との交際《こうさい》を断《た》つこと）にされた。

居場所《いばしょ》を失《うしな》ったお杉は、いわれなき迫害《はくがい》に耐《た》え切れなくなり、みずから死ぬことを選んだのだ。樹木に「我死後《わがしご》50年にして、必ず保瀬《ほせ》を壊滅《かいめつ》させる」と呪《のろ》いの言葉を刻《きざ》みこんだ後、お玉の頭《あたま》にクワを振《ふ》り下ろしたのだった。

お玉の頭から噴水《ふんすい》のように噴《ふ》き出《だ》す鮮血《せんけつ》……。お杉はその血を口いっぱいにふくみ、天に向かって吐《は》き出した。「保瀬《ほせ》は野となれ、山となれ」と唱え、次の瞬間《しゅんかん》、お玉の遺体《いたい》を抱《かか》えたまま川に飛びこみ自殺《じさつ》したのだ。

その後、1892年にお杉が望んだとおり、「保瀬《ほせ》の大崩壊《だいほうかい》」が発生し、集落は消滅《しょうめつ》した。彼女《かのじょ》の強い怨念《おんねん》が原因《げんいん》かはわからないが、無関係だとは考えにくい。彼女《かのじょ》の復讐計画《ふくしゅうけいかく》は成《な》し遂《と》げられた。

目撃情報

母子《ぼし》の命日《めいにち》に、墓《はか》の近《ちか》くで2つの火《ひ》の玉《たま》を発見《はっけん》したという。

1993年に立てられた「保瀬《ほせ》の大崩壊《だいほうかい》」の供養塔《くようとう》。崩壊《ほうかい》した場所から海部川をはさんだ対岸に立てられている。

調査

母子の呪《のろ》いは本当にあるのか？

保瀬《ほせ》には、「保瀬《ほせ》大崩壊《だいほうかい》の慰《い》霊碑《れいひ》」「母子の供養塔《くようとう》」が立てられているほか、石が積み上げられた「母子の墓《はか》」と呼《よ》ばれる場所がある。そのことからも、お杉《すぎ》・お玉が実在《じつざい》したことは明白だ。また、母子の命日である7月25日には、この墓《はか》の近くや保瀬《ほせ》の川辺で2人《ふたり》の霊《れい》を見たという情報《じょうほう》も。心霊《しんれい》スポットとはいえ、きちんと花が供《そな》えられ、そうじも行《い》き届《とど》いている。そのため、現在《げんざい》も地元民が母子の供《く》養《よう》を続けていることがわかる。

しかし、母子の怨念《おんねん》が晴《は》れたかどうかは定かではない。お杉が木に刻《きざ》んだ言葉どおり、保《ほ》瀬《せ》集落が壊滅《かいめつ》しただけでなく、100年以上が経過《けいか》した現在《げんざい》でも、村の跡地《あとち》は人の住める状態《じょうたい》ではない。根拠《こんきょ》はないが、すさまじいエネルギーを宿す怨念《おんねん》は、たとえ長い時間がたってもゼロになることはないと感じられる。

結果

超《ちょう》あやしい！

大切な我が子をみずからの手で殺《ころ》し、自分のいのちも絶ったお杉《すぎ》のうらみは相当だろう。母子の墓《はか》での目撃《もくげき》情報《じょうほう》などもふくめ、彼女《かのじょ》の怨念《おんねん》はいまも保瀬《ほせ》周辺をふわふわとただよっているのではないだろうか。

徳島県の有名心霊《しんれい》スポット「母子の墓《はか》」。墓《はか》には現在《げんざい》でも花が供《そな》えられている。母子の霊《れい》をしずめるため、供養《くよう》が続けられているのだろうか……。

DATA

TYPE 怨霊

危険度	★★★
出現地	高知県 高知市《こうちし》
特徴	最悪死にいたらせる「七人《しちにん》ミサキ」という亡霊《ぼうれい》のたたり。

吉《き》良《ら》神《じん》社《じゃ》

病や急死は暗《あん》殺《さつ》された家《か》臣《しん》のたたり

中国・四国地方

亡霊《ぼうれい》「七人《しちにん》ミサキ」の呪《のろ》いはいまも続く

高知市の吉良《きら》神社《じんじゃ》にまつられている吉良《きら》親実《ちかざね》は、対立勢力《たいりつせいりょく》におとしいれられ、切腹《せっぷく》を命じられ自害《じがい》した。その直後、親実《ちかざね》の重臣《じゅうしん》7人も暗殺《あんさつ》された。

その後、奇々怪々《ききかいかい》な出来事が続き、これらの怪奇現象《かいきげんしょう》を親実《ちかざね》とその家臣《かしん》のたたりだと、人々はウワサし、集団《しゅうだん》で現《あらわ》れる亡霊《ぼうれい》を「七人《しちにん》ミサキ」と呼《よ》んだ。

そしてそのたたりは、いまもなお続いている。取りつかれると、病気になるか、最悪の場合死にいたるといわれている。

情報

夜ごとに怪火《かいか》や首なし武将《ぶしょう》が出現《しゅつげん》

吉良親実《きらちかさね》は、土佐国《とさのくに》（現在《げんざい》の高知県）を支配《しはい》していた長宗我《ちょうそか》部《べ》元親《もとちか》という武将《ぶしょう》の家臣《かしん》だった。そして、元親《もとちか》の甥《おい》でもあり、義理《ぎり》の息子でもあったのだ。

あるとき、長宗我部氏《ちょうそかべし》を統括《とうかつ》する権利をだれが引きつぐかで問題が発生。その際《さい》、元親《もとちか》に親《ちか》実《ざね》が反論《はんろん》したところ、元親《もとちか》の逆《げき》鱗《りん》にふれてしまう。さらに、犬《けん》猿《えん》の仲《なか》だった久武親直《ひさたけちかなお》が元親《もとちか》に告げ口したことにより、親実《ちかさね》は切腹《せっぷく》を命じられたのだった。

しかし、それだけでは元親《もとちか》のいかりはおさまらなかった。親《ちか》実《ざね》の切腹後《せっぷくご》、数日の間に、親実《ちかざね》の重臣《じゅうしん》7人《にん》を斬《き》り殺《ころ》したのだ。

親実《ちかさね》と7人の家臣《かしん》が死んでから城下では、おそろしい怪奇現《かいきげん》象《しょう》が起こるようになる。親実《ちかざね》が切腹《せっぷく》した屋敷《やしき》や墓《はか》の周りで、夜ごと怪火《かいか》が飛び交うようになったのだ。

いっぽう城内では白馬に乗った首のない武将《ぶしょう》や、鉄棒《てつぼう》を引っぱって走る大入道（巨大《きょだい》な体の坊主《ぼうず》）が現《あらわ》れた。また、親実《ちかさね》を策略《さくりゃく》にはめた親信《ちかのぶ》の8人の子どものうち、7人は急死したり、発狂《はっきょう》したりしたという。

城下の人々は、これらの怪異《かいい》現象を親実《ちかざね》とその家臣《かしん》のたたりだとウワサした。そして、集団《しゅうだん》であらわれる亡霊《ぼうれい》を「七人《しちにん》ミサキ」と呼《よ》び、おそれたのだった。

目撃情報

元気な人が急に病気になったり、原因不明《げんいんふめい》の交通事故《こうつうじこ》が発生したりすると、「七人《しちにん》ミサキのたたり」じゃないかとウワサされているらしい……。

吉良神社《きらじんじゃ》の鳥居《とりい》と、本殿《ほんでん》へと続く石段《いしだん》。もともとは「木塚《きづか》明神《みょうじん》」という名で、地元では「明神さん」とも呼《よ》ばれているそうだ。

調査

「七人《しちにん》ミサキ」のたたりは残るのか?

当時の土佐《とさ》の人々は、「七人《しちにん》ミサキに出会うと高熱を発し、やがて命を落とす」とウワサした。そんな七人《しちにん》ミサキのたたりがいまも続いているというのは、本当なのだろうか。

たたりが原因《げんいん》で実際《じっさい》に亡《な》くなった人がいたのかどうか、いまとなっては検証《けんしょう》できないが、長宗我部氏《ちょうそかべし》は親実《ちかざね》とその家臣《かしん》の怨霊《おんりょう》をしずめるため、手厚《てあつ》く供養《くよう》したという。ところが、怪異《かいい》現象《げんしょう》はおさまらなかった。

親実《ちかさね》の切腹《せっぷく》から約80年後の1666年、親実《ちかさね》の墓《はか》を改葬《かいそう》して、その上に親実《ちかざね》をまつる吉良《きら》神社《じんじゃ》を建立した。そして本殿《ほんでん》の脇《わき》には、暗殺《あんさつ》された家臣《かしん》をまつる七社明神《しちしゃみょうじん》が設《もう》けられ、現在《げんざい》も残っている。

近年では、七人《しちにん》ミサキの目撃《もくげき》情報《じょうほう》はほとんどない。彼《かれ》らのうらみは晴れ、成仏《じょうぶつ》することができたのだろうか。

結果

要再調査《ようさいちょうさ》……

いまだに地元民におそれられてはいるものの、現在《げんざい》は怪異現象《かいいげんしょう》などはおさまっているようだ。しかし、これだけおそれられた亡霊《ぼうれい》だ、かなりの遺恨《いこん》があったことだろう。まだ安心はできない。

注目!

左が吉良親実《きらちかざね》をまつる吉良神社《きらじんじゃ》の本殿《ほんでん》、右が暗殺《あんさつ》された家臣《かしん》をまつる七社明神《しちしゃみょうじん》。これらによって、怨霊《おんりょう》をしずめることはできたのだろうか……?

特集

ミステリーサークルの謎《なぞ》

UFO《ユーフォー》？ いたずら？ 突然《とつぜん》現《あらわ》れた巨大《きょだい》なサークルは一体？

だれがどんな目的でつくったのか？

田畑の作物や樹木が倒《たお》れ、円形（サークル形）や幾何学模様《きかがくもよう》になった跡《あと》を「ミステリーサークル」という。１９８０年代にイギリスで多数発見され、世界的に話題となった。

それは不思議なことに、あるとき突然《とつぜん》現《あらわ》れる。だれがなんの目的でつくったのか、どのようにしてつくったのか、さっぱりわからない。だからこそミステリーなのだ。

ある研究者は「プラズマという空気中に発生した電気の渦《うず》が巻《ま》き起こす自然現象《しぜんげんしょう》」と分析《ぶんせき》した。またある人は「竜巻《たつまき》の仕業《しわざ》」と推測《すいそく》した。

さらには「ＵＦＯが離着陸《りちゃくりく》した跡《あと》」「芸術家による屋外アート」「若《わか》者《もの》たちのいたずら」といったさまざまな説が登場し、ミステリーサークルの謎《なぞ》は深まっていった。

そしてついに日本でも１９９０年9月17日早朝、福岡県粕屋郡《かすやぐん》篠栗町《ささぐりまち》の稲田《いなだ》に2つのミステリーサークルが、発見された。これを報道《ほうどう》するマスコミと、実物を見たい見物客が押《お》し寄《よ》せ、大騒動《おおそうどう》に発展《はってん》。その直後、佐賀県神埼郡《かんざきぐん》三田川町《みたがわちょう》田手《たで》（現在《げんざい》の吉野ヶ里町《よしのがりちょう》）の田《た》んぼでも、稲《いね》が倒《たお》されてできた円形模様《えんけいもよう》が2カ所発見された。見物客が押《お》し寄《よ》せるなか、地元警察《じもとけいさつ》は悪質《あくしつ》ないたずらと判断《はんだん》し捜査《そうさ》を開始した。

ブーム終息後、意外な場所に円形の跡《あと》が登場

福岡県と佐賀県で発見されたミステリーサークルの謎《なぞ》は、翌年解明《よくとしかいめい》された。なんと、高校生12人による窃盗《せっとう》グループのいたずらだったことが、本人たちの自白で判明《はんめい》したのだ。世界的ブームの発祥地《はっしょうち》だったイギリスでも、2人の芸術家がミステリーサークルの制作者《せいさくしゃ》だと名乗り出て、そのつくり方《かた》を公開《こうかい》した。こうして世界的なミステリーサークルブームは終わりをむかえた。

ブームが去《さ》ったあと、日本の意外な場所でミステリーサークルが発見される。2023年5月に、奄美大島《あまみおおしま》の海底で発見された直径2メートルほどの「海のミステリーサークル」がそうだ。しかし調査《ちょうさ》の結果、フグの一種であるアマミホシゾラフグがつくった産卵床《さんらんしょう》（卵《たまご》を産むための場所）であることがわかった。

それでも、世界中にあるミステリーサークルのすべてが人の手によってつくられたものであり、その理由や経緯《けいい》が判明《はんめい》しているわけではない。つまり、だれがなんの目的で制作《せいさく》したのかわからないものも複数《ふくすう》あるのだ。

たとえば、人が気軽に立《た》ち寄《よ》れない険《けわ》しい山や離島《りとう》にあるミステリーサークルは、明らかに自然現象《しぜんげんしょう》によってできたものだろう。ところが、「そんな場所に行《い》けるのはUFOだけ。円形や幾何学模様《きかがくもよう》は、宇宙人《うちゅうじん》が描《えが》いた暗号なのではないか」という識者《しきしゃ》もいるため、世界のミステリーサークルの謎《なぞ》が、すべて解明《かいめい》されたわけではないのだ。

海底のミステリーサークル

奄美大島沖《あまみおおしまおき》の海底に現《あらわ》れたミステリーサークルは、アマミホシゾラフグが産卵《さんらん》の際《さい》につくるものだとわかっている。これが見られるのは世界でも奄美大島《あまみおおしま》だけだという。

九州・沖縄地方

1 犬鳴村《いぬなきむら》 166
2 原城跡《はらじょうあと》 172
3 阿《あ》蘇《そ》大橋《おおはし》 176
4 轟《とどろ》の滝《たき》 180
5 森川公園《もりかわこうえん》 186

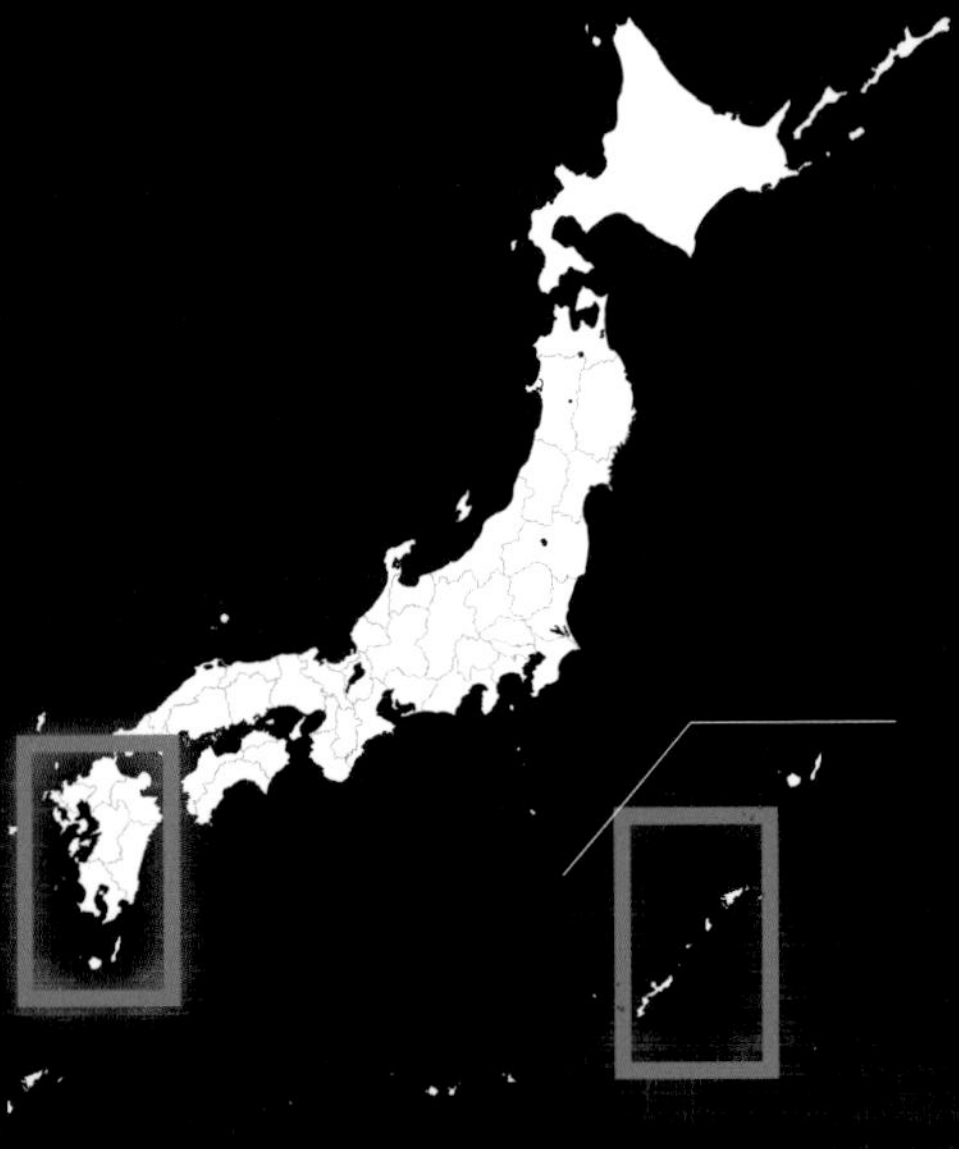

1
福岡県
佐賀県
大分県
長崎県
2
3
熊本県
宮崎県
鹿児島県
4
沖縄県
5

犬《いぬ》鳴《なき》村《むら》

斧《おの》をもった男たちが
襲《おそ》いかかってくる集落

DATA

TYPE 霊魂

危険度	★★★★★
出現地	福岡県宮若市《みやわかし》
特　徴	罠《わな》にかかると斧《おの》をもった村人たちが襲《おそ》いかかってくる村。

村に立ち入った者は生きてはもどれない

福岡県にある犬鳴トンネル手前の細《ほそ》い道を進むと、やがて立ち入り禁止の柵《さく》が現《あらわ》れる。その向こうには旧犬鳴《きゅういぬなき》トンネルがあるが、入口がふさがれ、通《とお》り抜《ぬ》けることはできない。

トンネルの先にはかつて、「犬鳴村《いぬなきむら》」があった。その入口には「この先、日本国憲法《にほんこくけんぽう》は通じません」という看板《かんばん》が立てられ、勝手に立ち入れば命の保証《ほしょう》はないといわれていた。実際《じっさい》に警告《けいこく》を無視《むし》して立ち入った人は、斧《おの》をもった男たちに追い回されたという。

村の小屋には死体が山積み

　村に通じる道には柵《さく》があり、警告看板《けいこくかんばん》まで立っているにもかかわらず、それらを無視《むし》してあるとき男性が車で犬鳴村に入ったという。坂道を上った先に、プレハブ小屋が見えてきた。

　すると小屋から斧《おの》をもった男たちが飛び出してきて、車に向かって全速力で走ってきたという。男性は車をU《ユー》ターンさせて追ってくる男たちからのがれたが、車の後部はボロボロになっていたそうだ。

　また、村に通じる旧道《きゅうどう》には、縄《なわ》と缶《かん》でつくったしかけがあり、引っかかると大きな音が鳴ったという。その音を合図に、やはり斧《おの》をもった村人たちが走って向かってきたのだ。

　これらのエピソードが事実だとするなら、まだ村の中に人がいることになるが、そんなはずはない。彼《かれ》らは亡霊《ぼうれい》なのだろうか？　また、どうして罪《つみ》のない侵入者《しんにゅうしゃ》をねらったのだろうか？

　さらにおそろしいのは、「犬鳴村のプレハブ小屋には人間の死体が山積みにされている」という都市伝説があることだ。事実かどうかは定かではないが、犬鳴村に入る前にある旧犬鳴《きゅういぬなき》トンネルでは、リンチや死体遺棄《したいいき》など数々の事件が起こっており、この辺り一帯がおそれられていたようだ。

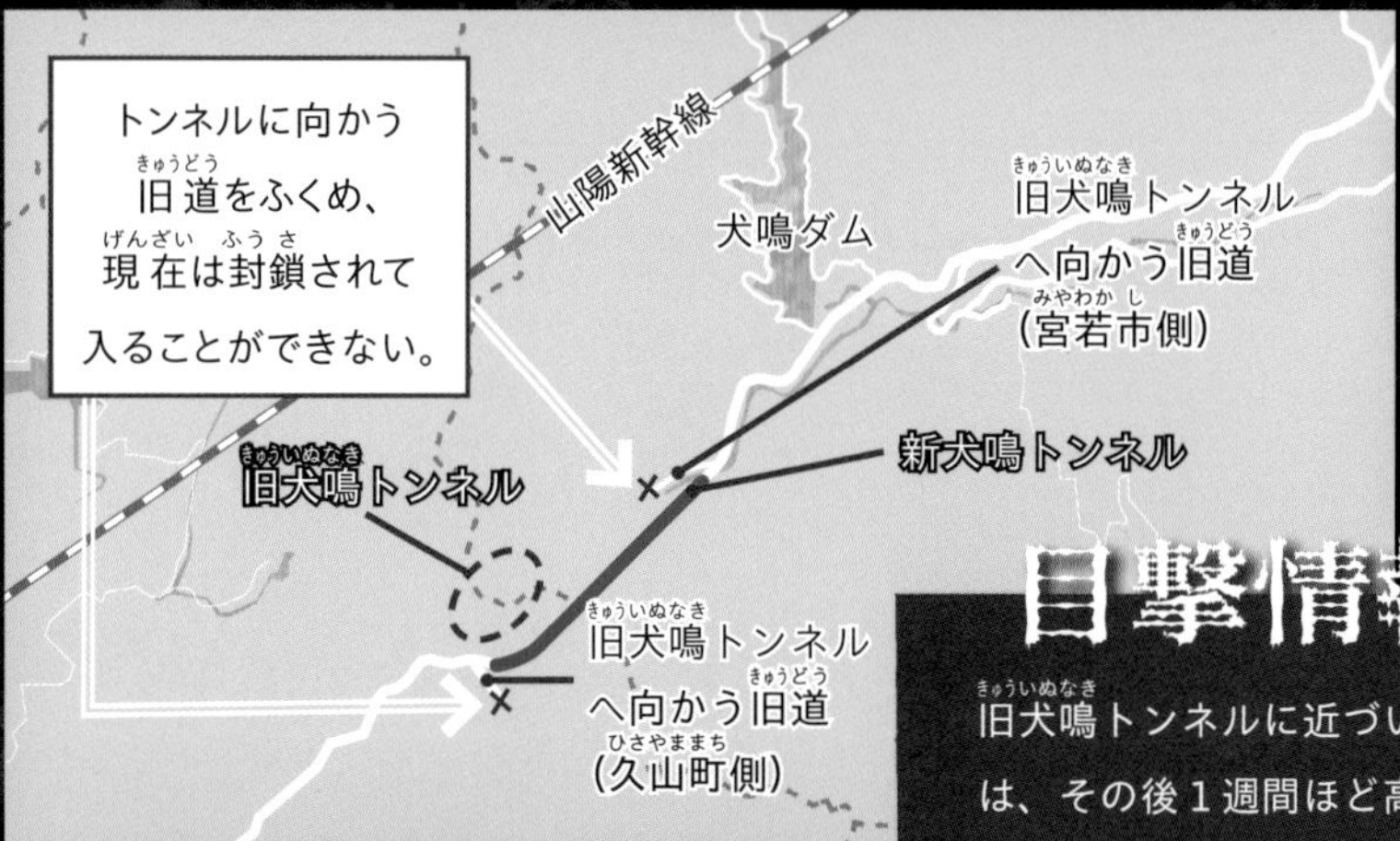

旧犬鳴《きゅういぬなき》トンネルへ向かう道は、宮若市《みやわかし》側からと久山町《ひさやままち》側からの２本の道があった。

目撃情報

旧犬鳴《きゅういぬなき》トンネルに近づいた若者《わかもの》は、その後１週間ほど高熱にうなされたと語った。

情報

いまは地図にない「犬鳴村《いぬなきむら》」の名前

現在、峠《とうげ》やトンネル名など、地区名として犬鳴という名が残るものの、犬鳴村の名前は地図から消えている。しかもこの地区の集落の一部は、犬鳴ダムの建設《けんせつ》によって水の底に沈《しず》んでいるのだ。犬鳴ダム周辺には沈《しず》んだ集落の墓地《ぼち》だけが残されて、墓石《ぼせき》が並《なら》べられているという。

しかし、なくなったはずの犬鳴村のおそろしいウワサは、現《げん》在《さい》も絶えることはない。地元の人は「おもしろがって近づくのは絶対《ぜったい》にやめたほうがいい」と口をそろえ、心霊《しんれい》スポットとしても、「日本最恐《にほんさいきょう》」と呼《よ》ばれている場所だ。

その後、1975年に新しい道とトンネルが開通し、旧犬鳴《きゅういぬなき》トンネルは使われなくなった。廃《はい》トンネルは暗くてじめじめしていることから霊《れい》が集まりやすいとされ、全国の廃《はい》トンネルの多くが心霊《しんれい》スポットになっている。旧犬鳴《きゅういぬなき》トンネルもその例にもれず、心霊現象《しんれいげんしょう》が起こるようになった。そして、現在《げんざい》では「日本一怖《こわ》いトンネル」と呼《よ》ばれているほどだ。

いっぽう新しい犬鳴トンネルはというと、こちらでも霊《れい》の目《もく》撃《げき》情報《じょうほう》が多数寄《よ》せられている。どうやら犬鳴地区一帯が心霊《しんれい》スポットといっても、過言《かごん》ではないだろう。

犬鳴ダム。この底には村の集落が沈《しず》んでいる。

1975年に開通した新しい犬鳴トンネル。こちらでも霊《れい》が多数目撃《もくげき》されている。

特集

怖《こわ》いウワサが残る村の話

知ってはいけない村という閉鎖《へいさ》空間《くうかん》の秘密《ひみつ》にせまる！

心霊《しんれい》スポットになった埼玉県の廃村《はいそん》集落《しゅうらく》

全国には、幽霊《ゆうれい》が頻繁《ひんぱん》に目撃《もくげき》される村や不気味で奇妙《きみょう》な習慣《しゅうかん》が残る村などが存在《そんざい》する。そんな「いわくつきの村」にまつわるこわい話を集めてみた。

埼玉県秩父《ちちぶ》地方《ちほう》にある岳集落《たけしゅうらく》は、過疎化《かそか》により住人が建物を残したまま転出《てんしゅつ》したことから、１９５０年代末に廃村集落《はいそんしゅうらく》となった。やがて「岳《たけ》集落《しゅうらく》は一家殺害事件《いっかさつがいじけん》の舞台《ぶたい》」というウワサが広まっていった。

その後、２００３年に発売された３Ｄアクションホラーゲーム『ＳＩＲＥＮ《サイレン》』に登場する羽生蛇村《はにゅうだむら》のモデルとなったことから、心霊《しんれい》マニアとゲームファンが岳集落《たけしゅうらく》を訪《おとず》れるようになる。そこで彼《かれ》らは「無人《むじん》の廃屋《はいおく》から話し声が聞こえた」「夜間に動く光が見えた」など不思議な体験をしたという。

さらに２０１３年には、岳集落《たけしゅうらく》で自殺目的《じさつもくてき》の放火事件《ほうかじけん》が発生。近年では、一部で「呪《のろ》われた廃村《はいそん》」と呼《よ》ばれている。

一度足を踏《ふ》み入れたら二度と出られない村

富士山の北西に位置し、山梨県南《みなみ》都留郡《つるぐん》富士河口湖町《ふじかわぐちこまち》と鳴沢村《なるさわむら》にまたがる青木《あおき》ヶ《が》原樹海《はらじゅかい》は、「一度足を踏《ふ》み入れたら二度と出られない」という都市伝説で名高い地域《ちいき》だ。自殺者《じさつしゃ》が多いことから「自殺《じさつ》の名所」とも呼《よ》ばれている。

樹海《じゅかい》を訪《おとず》れ、無事生還《せいかん》したある者は、「だれもいない樹海《じゅかい》を歩いていたら、後ろからうでをつかまれて転んだ。うでに手の跡《あと》が残るほど強い力だった」と話している。またある者は、「どこからか『すみません、すみません……』というおばあさんの声が聞こえてきた」と告白している。樹海《じゅかい》をさまよう自殺者《じさつしゃ》の亡霊《ぼうれい》が彼《かれ》らに何かをうったえていたのかもしれない。

また、非常識《ひじょうしき》な風習が近年まで残っていた地域《ちいき》もある。1959年、鹿児島県肝属郡串良町《きもつきぐんくしらちょう》（現在《げんざい》の鹿屋市《かのやし》）では、20歳の女性《じょせい》にプロポーズをしてフラれた男性が、その女性を監禁《かんきん》し、暴力《ぼうりょく》をはたらいて逮《たい》捕《ほ》された。従兄《いとこ》や叔父《おじ》に協力してもらい、彼女《かのじょ》を拉致《らち》して犯行《はんこう》におよんだというから、親戚《しんせき》ぐるみの異常《いじょう》な犯罪《はんざい》だ。

ところが、裁判《さいばん》で弁護士《べんごし》は、「彼《かれ》らはこの地方に残る『おっとい嫁《よめ》じょ』と呼《よ》ばれる風習にのっとって行動しただけだ」として、無罪《むざい》を主《しゅ》張《ちょう》したのだ。それは、好きな女性を無理やり連れ去《さ》って妻《つま》にしてもよいという、とんでもない風習で、別名「誘拐婚《ゆうかいこん》」と呼《よ》ばれていた。

事件《じけん》は最高裁《さいこうさい》で争われるまで長引き、主犯《しゅはん》の男性には、最終的に実刑《じっけい》3年の有罪判決《ゆうざいはんけつ》が言いわたされた。

それにしても、誘拐婚《ゆうかいこん》の風習が残る村が近年まで存在《そんざい》していたという信じがたい事実。身ぶるいするほどの怖《こわ》い話である。

樹海の看板

自殺防止《じさつぼうし》に設置《せっち》された看板《かんばん》。このような看板《かんばん》が立てられるほど、自殺者《じさつしゃ》が多いということがわかる。

原《はら》城《じょう》跡《あと》

殺《ころ》された人々の霊《れい》が
城《じょう》跡《せき》をさまよい歩く

DATA

TYPE 集合体

危険度	★★★★
出現地	長崎県南島原市《みなみしまばらし》
特　徴	江戸時代に起こった「島原《しまばら》の乱《らん》」で殺《ころ》された人々の亡霊《ぼうれい》が目撃《もくげき》されている。

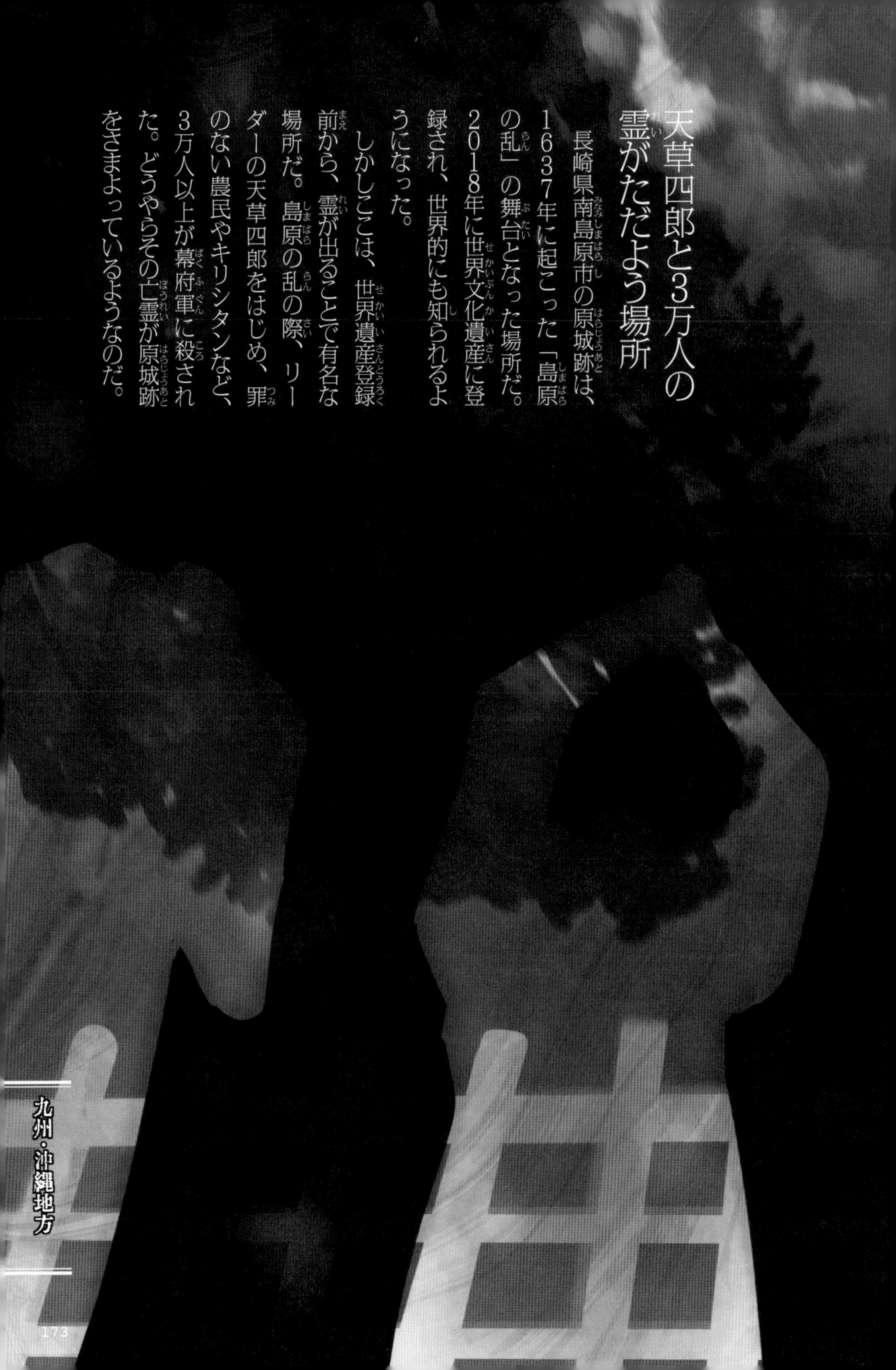

天草四郎と3万人の霊《れい》がただよう場所

長崎県南島原市《みなみしまばらし》の原城跡《はらじょうあと》は、1637年に起こった「島原《しまばら》の乱《らん》」の舞台《ぶたい》となった場所だ。2018年に世界文化遺産《せかいぶんかいさん》に登録され、世界的にも知《し》られるようになった。

しかしここは、世界遺産登録《せかいいさんとうろく》前《まえ》から、霊《れい》が出ることで有名な場所だ。島原《しまばら》の乱《らん》の際《さい》、リーダーの天草四郎をはじめ、罪《つみ》のない農民やキリシタンなど、3万人以上が幕府軍《ばくふぐん》に殺《ころ》された。どうやらその亡霊《ぼうれい》が原城跡《はらじょうあと》をさまよっているようなのだ。

情報

過酷《かこく》な租税《そぜい》とキリシタン弾圧《だんあつ》

原城跡《はらじょうあと》で霊《れい》が多数目撃《もくげき》される理由として挙げられるのが、「島原《しまばら》の乱《らん》」だ。この戦では多くの人が殺《ころ》された。

戦国時代の島原藩《しまばらはん》（現在《げんざい》の長崎県島原市《しまばらし》）では、藩主《はんしゅ》の有馬《ありま》晴信《はるのぶ》がキリスト教徒《きょうと》だった。そのため、キリスト教信仰《きょうしんこう》がさかんになった。

しかし、有馬氏の次の代の藩《はん》主《しゅ》はキリスト教を禁止。キリシタン（キリスト教を信仰《しんこう》している人）を熱湯の温泉に放りこみ、キリスト教の信仰《しんこう》をやめるまで傷《きず》つけたという。

当時は土地の値打《ねう》ちを、土地からとれる玄米《げんまい》の量で表した。これを石高《こくだか》と呼《よ》ぶが、島原藩《しまばらはん》では、石高《こくだか》にふさわしくない大きな島原城《しまばらじょう》を築《きず》いた。そのために必要なお金をつくるため農民に高い税金《ぜいきん》を課《か》した。

このような負担《ふたん》や、先に述《の》べたキリシタン農民へのきびしい取《と》り締《し》まりなどが重なり、農民のいかりは爆発《ばくはつ》。江戸時代最大の一揆《いっき》へと発展《はってん》した。

キリシタンをふくむ3万人以上の一揆軍《いっきぐん》は、かつて有馬氏の支城《しじょう》であった原城に立てこもり、約12万人の幕府軍《ばくふぐん》と戦った。農民やキリシタンは泣き叫《さけ》び、逃《に》げ回ったが、やがて斬《き》り殺《ころ》されてしまった。

目撃情報

撮影《さつえい》した写真に武士《ぶし》のような人《ひと》影《かげ》や、十字架《じゅうじか》が写っていたという。また、どこからともなく血のにおいがし、うめき声が聞こえてきたという話も……。

原城跡《はらじょうあと》には一揆軍《いっきぐん》のリーダーとなった天草四郎の像《ぞう》と墓《はか》があり、公園として整備《せいび》されている。

調査

目撃《もくげき》される霊《れい》はキリシタンたちか？

島原《しまはら》の乱《らん》で多くの死者が出たことは事実《じじつ》だろう。しかし、原《はら》城跡《じょうあと》で目撃《もくげき》される霊《れい》は、本当に島原《しまはら》の乱《らん》の死者なのだろうか。

2000年代に行われた原城《はらじょう》跡発掘調査《あとはっくつちょうさ》では、島原《しまはら》の乱《らん》の際《さい》に立てこもったキリシタンたちが暮《く》らしたという建物跡《たてものあと》が出土している。それと同時に、石垣《いしがき》や瓦《かわら》、大量の人骨《じんこつ》も見つかった。これは、島原《しまはら》の乱《らん》で命を落とした人たちの骨《ほね》でまちがいないだろう。

こうした事実《じじつ》を知《し》ると、原城《はらじょう》跡《あと》を訪《おとず》れた人が口にする「だれもいないのに人の気配がする」「武士《ぶし》の姿《すがた》が写真に写った」といった話は、デタラメではないと思えてくる。霊感《れいかん》がなかったとしても、その事実《じじつ》だけで不気味で、背筋《せすじ》がこおるだろう。

この場所で殺《ころ》された人々は、だれにもとむらわれることなく放っておかれてきた。成仏《じょうぶつ》できない理由としては十分だ。

結果

可能性大《かのうせいだい》！

まだ発掘《はっくつ》されず、長い間じっと土の中にいることへの悲しみやいかり、罪《つみ》もなく殺《ころ》された無念《むねん》さは相当だろう。その思いを現《げん》代《だい》の人に知ってもらいたくて、亡霊《ぼうれい》となって原城跡《はらじょうあと》をさまよい歩いている可能性《かのうせい》は高い。

本丸跡《ほんまるあと》に立つ十字架《じゅうじか》。本丸の最北部辺りから、島《しま》原《ばら》の乱《らん》の際《さい》に立てこもったキリシタンたちが暮《く》らした建物跡《たてものあと》や人骨《じんこつ》が出てきた。

のぞきこむと白い手で引きずりこまれる
阿《あ》蘇《そ》大《おお》橋《はし》

DATA

TYPE 怨霊

危険度	★★★★★
出現地	熊本県阿《あ》蘇《そ》郡《ぐん》南《みなみ》阿《あ》蘇《そ》村《むら》
特　徴	のぞきこむと足を引っぱられる橋。死者たちのうめき声が聞こえてくる。

身を投《な》げる人が多い呪《のろ》われた「赤橋」

熊本県の南《みなみ》阿《あ》蘇《そ》村《むら》にあった阿《あ》蘇《そ》大橋《おおはし》は、1971年の開通当時、橋の塗《と》装《そう》が赤色だったことから「阿蘇《あそ》の赤橋《あかはし》」と呼《よ》ばれていた。2016年に起きた熊本《くまもと》地震《じしん》により崩《くず》れ落ちたため、現《げん》在《さい》架《か》かっているのは2021年に開通した新《しん》阿《あ》蘇《そ》大橋《おおはし》だ。

阿蘇《あそ》の赤橋こと旧《きゅう》阿《あ》蘇《そ》大橋《おおはし》は、心霊《しんれい》スポットとして有名な場所だった。橋から下をのぞきこむと、白い手がのびてきて足を引っぱられるのだという。

自殺者《じさつしゃ》の血で赤く染《そ》まった橋？

旧阿蘇大橋《きゅうあそおおはし》では、1981年から2011年12月までの30年間に59件の飛《と》び下《お》り自殺《じさつ》があった。「死体がけっして発見されない自殺《じさつ》の名所《めいしょ》」として全国的に話題になったことで、さらに自殺志願者《じさつしがんしゃ》が訪《おとず》れるようになり、当時は社会問題にまで発展《はってん》した。

旧阿蘇大橋《きゅうあそおおはし》は赤色だったが、「赤い色は自殺者《じさつしゃ》を誘《さそ》う」という理由から、1994年に灰色《はいいろ》にぬり替《か》えられた。しかし、それ以降《いこう》も自殺《じさつ》が減《へ》ることはなかったという。旧阿蘇大橋《きゅうあそおおはし》から身を投《な》げた人は、最終的に100人をこえた。

あるころから旧阿蘇大橋《きゅうあそおおはし》は、「谷底から死者たちのうめき声が聞こえる」「のぞきこむと白い手に引きずりこまれる」とウワサされるようになった。また、「気持ちが弱っているときにこの橋を渡《わた》ると死《し》にたくなる」「通ったときに頭痛や吐《は》き気《き》などおかしな症状《しょうじょう》が現《あらわ》れた」というような声も聞く。

なかには「自殺者《じさつしゃ》の赤い血に染《そ》まっているから赤橋と呼《よ》ばれている」と説明《せつめい》するガイド本も現《あらわ》れ、阿蘇《あそ》の赤橋＝自殺《じさつ》のイメージは定着していった。その赤い橋を見に行く観光ツアーもあったという。

目撃情報

白い手に引きずりこまれるというウワサだけでなく、「気分が落ちこんでいるときに通ったら死にたくなった」という声が多く寄《よ》せられている。

2016年に起きた熊本地震《くまもとじしん》で崩《くず》れ落ちた。旧阿蘇大橋《きゅうあそおおはし》は、震災遺構《しんさいいこう》として現在《げんざい》も残されている。

調査

新阿《しんあ》蘇《そ》大橋《おおはし》になって心霊現象《しんれいげんしょう》は終息?

旧阿《きゅうあ》蘇《そ》大橋《おおはし》には、おそろしい心霊体験談《しんれいたいけんだん》が多い。一時期は、「熊本三大心霊《くまもとさんだいしんれい》スポット」の1つに数えられていたほどだ。

あまりに自殺《じさつ》が多いため、事《じ》故防止《こぼうし》の柵《さく》も取りつけられたが、それでもその柵《さく》を乗《の》り越《こ》え飛び下りる人が絶えなかった。何かに取りつかれたようなその死に方は、あの世へと呼《よ》び寄《よ》せられているようだ。

旧阿《きゅうあ》蘇《そ》大橋《おおはし》では、原因《げんいん》がハッキリしない奇怪《きかい》な交通事故《こうつうじこ》も多かったという。いまとなっては検証《けんしょう》できないが、この場所はこの世とあの世を結ぶ接点《せってん》だったのかもしれない。

しかし、熊本地震《くまもとじしん》で旧阿《きゅうあ》蘇《そ》大《おお》橋《はし》は崩落《ほうらく》した。約600メートル下流に新阿《しんあ》蘇《そ》大橋《おおはし》が架《か》けられたが、それ以降《いこう》、大橋の界《かい》隈《わい》で心霊現象《しんれいげんしょう》を体験したという話は聞かなくなった。また、2024年2月現在、自殺者《じさつしゃ》は出ていない。

結果

要再調査《ようさいちょうさ》……

新阿《しんあ》蘇《そ》大橋《おおはし》は旧阿《きゅうあ》蘇《そ》大橋跡地《おおはしあとち》ではなく、別の場所につくられた。以前とはまったくの別物と考えるのが自然《しぜん》だろう。しかし、自《じ》殺者《さつしゃ》たちの怨念《おんねん》はいまも晴れていないはずだ。どこをさまよっているのだろうか……。

注目!

新阿蘇大橋《しんあそおおはし》になってからは、心《しん》霊現象《れいげんしょう》や自殺者《じさつしゃ》もなくなったというが、本当だろうか……。

一《いっ》反《たん》木《も》綿《めん》が目《もく》撃《げき》される 轟《とどろ》の滝《たき》

DATA

TYPE 妖怪

危険度	★★★
出現地	鹿児島県肝属《きもつき》郡《ぐん》肝付《きもつき》町《ちょう》
特　徴	妖怪《ようかい》の一反木綿《いったんもめん》が現《あらわ》れ、人の首に巻《ま》きついたり、顔面をおおったりして窒息《ちっそく》させる。

空から人におそいかかる長～い布の妖怪《ようかい》

一反木綿《いったんもめん》といえば、水木しげるのマンガ『ゲゲゲの鬼太郎《きたろう》』に登場するキャラクターを思いうかべる人《ひと》も多いだろう。約《やく》1反《たん》（長さ約12・5メートル、幅《はば》約37センチ）の白い木綿布《もめんぬの》の妖怪《ようかい》で、ヒラヒラと空を舞《ま》う姿《すがた》は軽やかで楽しそうにすら見える。

ところが、鹿児島県の肝付町《きもつきちょう》では「空から人におそいかかるおそろしい妖怪《ようかい》」として昔から語りつがれてきた。そして現在《げんざい》でも、同町の「轟《とどろ》の滝《たき》」周辺で一反木綿《いったんもめん》が飛《と》んでいるのを見かけたという情報《じょうほう》が寄《よ》せられている。

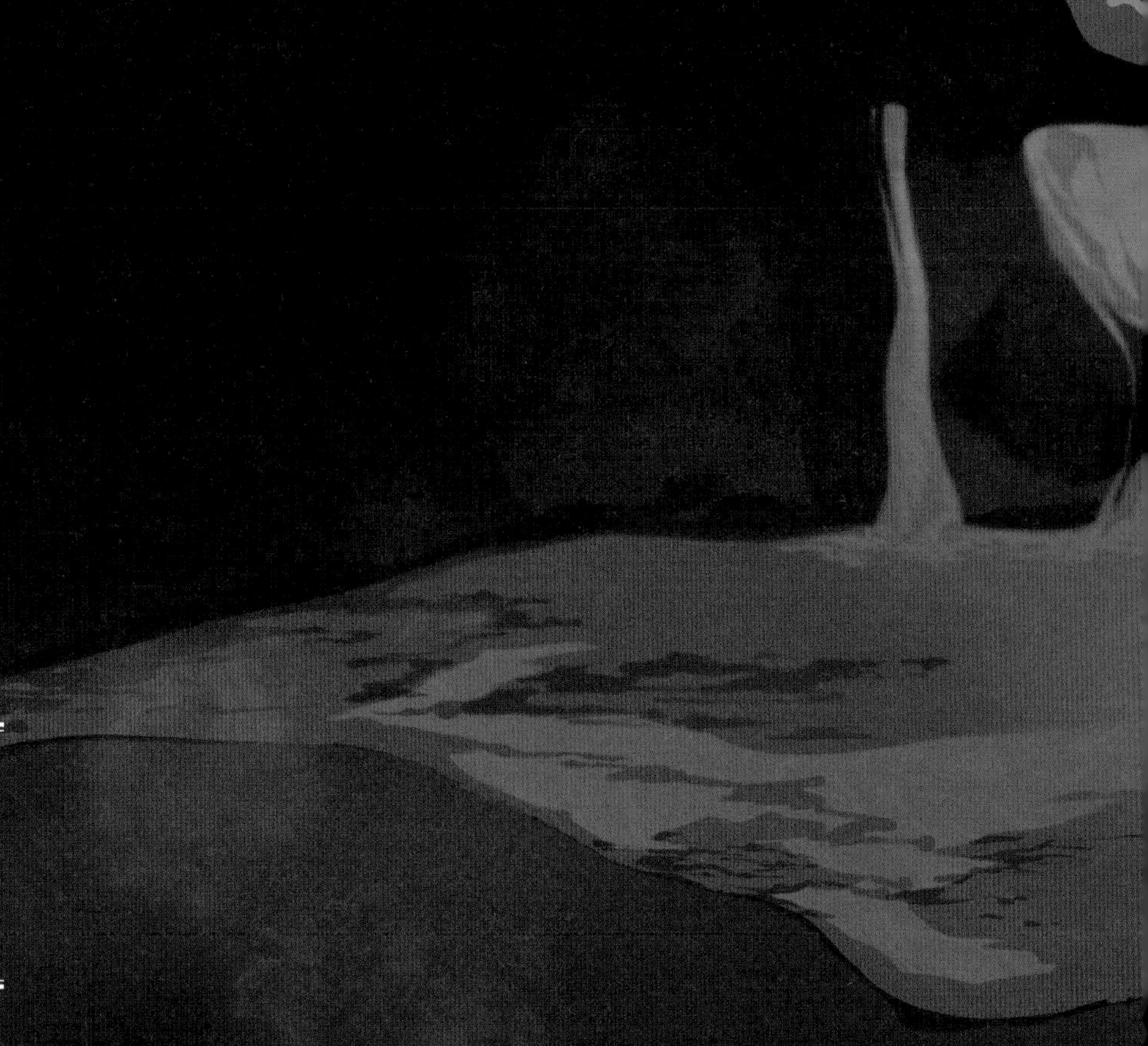

情報

轟《とどろ》の滝《たき》周辺は一反木綿《いったんもめん》の故郷《ふるさと》

轟《とどろ》の滝《たき》は、荒瀬川《あらせがわ》の下流にある3段に連なった滝《たき》だ。落差《らくさ》約《やく》6メートル、幅《はば》約30メートルという小型《こがた》の滝《たき》なので、夏には子どもたちが滝《たき》すべりをする姿《すがた》が見られる。

じつはこの滝周辺《たきしゅうへん》は、「一反《いったん》木綿《もめん》の故郷《ふるさと》」と呼《よ》ばれているという。肝付町《きもつきちょう》の郷土誌《きょうどし》によれば、「一反木綿《いったんもめん》という妖怪《ようかい》は、夕方になるとどこからともなく飛んできて、人の首に巻きついたり、顔面をおおったりして窒《ちっ》息《そく》させる」と記されているのだ。また、地元では昔から「遅《おそ》くまで遊んでいると一反木綿《いったんもめん》におそわれる」といって、子どもをしつけていたという。

さらに近年、肝付町《きもつきちょう》の観光協会では、地元住民に一反木綿《いったんもめん》に関する聞き取り調査を行っているというのだ。そんな活動を行っている団体《だんたい》はかなりめずらしいが、その結果《けっか》、「くるくる回る一反木綿《いったんもめん》を見《み》た」「子どものころ、山のほうから一反木綿《いったんもめん》がくると聞かされた」といった話が聞けたということだ。

一反木綿《いったんもめん》におそわれたという体験談はさすがになかったが、観光協会の聞き取り調査《ちょうさ》もふくめ、多くの人から目撃情報《もくげきじょうほう》が集まっている。そのことから、一《いっ》反木綿《たんもめん》の存在《そんざい》は、ウソではないといえるだろう。

目撃情報

「夕暮《ゆうぐ》れどきに山のほうから一《いっ》反木綿《たんもめん》が飛んできた」「子どものころ、くるくる回る一反木綿《いったんもめん》を見た」という地元の人の声が寄《よ》せられている。

肝付町《きもつきちょう》の観光スポットになっている轟《とどろ》の滝《たき》。あまり知られていないが、この辺りが一反木綿《いったんもめん》の故郷《ふるさと》と呼《よ》ばれている。

調査

住民が見た一反木綿《いったんもめん》は本物？

一反木綿《いったんもめん》の故郷《ふるさと》であり、肝付《きもつき》町《ちょう》の住民にたびたび目撃《もくげき》されている一反木綿《いったんもめん》。目撃《もくげき》されたのは本当に一反木綿《いったんもめん》なのだろうか。

その正体について肝付町観光《きもつきちょうかんこう》協会《きょうかい》は、墓《はか》の周りに立てた長い白旗説《しろはたせつ》と、ひとだま説を挙げている。ひとだまとは、人が亡《な》くなったときに魂《たましい》が体からはなれる、青白い火の玉のようなもののことだ。

白旗《しろはた》のような長い布が山林を飛ぶのは、木の枝《えだ》にひっかかるためなかなか難《むずか》しい。しかし、ひとだまなら問題なく飛ぶことができる。そういった理由から、肝付町観光協会《きもつきちょうかんこうきょうかい》では、「ひとだま説のほうが有力かもしれない」と発表している。

調べてみると、かつてこの地区では病気で多くの人が亡《な》くなり、山に穴《あな》を掘《ほ》って遺体《いたい》を埋《う》めたという。もしかすると一反木《いったんも》綿《めん》の正体は、その穴《あな》から出てきたひとだまなのかもしれない。

結果

要再調査《ようさいちょうさ》……

「一反木綿《いったんもめん》が轟《とどろ》の滝《たき》にいる」という強い思いこみから、布や火の玉、もしくはほかの何かが一《いっ》反木綿《たんもめん》に見えたという可能性《かのうせい》がある。しかし、見まちがいだとも言い切れないため、引き続き調査《ちょうさ》が必要だ。

※写真はイメージ

注目！

一反木綿《いったんもめん》の名前にある「一反《いったん》」とは、幅《はば》約37センチ、長さ約12.5メートルだ。いくら白旗《しろはた》が長細いとはいえ、そんな長さのものと見まちがえるのだろうか……。

特集

化け物か神か？日本の妖怪《ようかい》

昔話や絵巻に残る あやしい存在《そんざい》の 痕跡《こんせき》をたどる！

山をつくるのも金銭《きんせん》を盗《ぬす》むのも妖怪《ようかい》の仕事

妖怪《ようかい》は、人間の理解《りかい》を超《こ》えた奇怪《きかい》な現象《げんしょう》であり、存在《そんざい》である。昔の人は、災害《さいがい》や病気など、自分たちがコントロールできないことを、あやしい容姿《ようし》の妖怪《ようかい》に置きかえてきたのだろう。妖怪《ようかい》はさまざまな画家の手により、あるものは化け物のように不気味に描《えが》かれ、またあるものは神のように尊《とうと》く描《えが》かれ、語り部によって興味深く語り継《つ》がれてきた。

関東地方の風土記《ふどき》に登場する「だいだら坊《ぼう》」や「ダイダラボッチ」などと呼《よ》ばれる巨人《きょじん》は、山や湖をつくった妖怪《ようかい》だとされる。その巨人《きょじん》が富士山を築《きず》くために甲州《こうしゅう》の土を掘《ほ》って盛り上げたので、甲府盆地《こうふぼんち》ができたと伝えられている。まるで神話に登場する国つくりの神《かみ》のようだ。

江戸時代の画家・鳥山石燕《とりやませきえん》は、１７７９年に刊行《かんこう》された妖怪画集《ようかいがしゅう》『今昔画図続百鬼《こんじゃくがずぞくひゃっき》』で、「百々目鬼《どどめき》」という妖怪《ようかい》を紹介《しょうかい》している。女性の姿《すがた》をしており、腕《うで》にたくさんの目がついているのが特徴《とくちょう》だ。「盗癖《とうへき》があり、盗《ぬす》んだ金銭《きんせん》が鳥の目となって現《あらわ》れた」と、石燕《せきえん》は解説《かいせつ》している。

川や井戸など水場で音を立てて小豆《あずき》を洗《あら》う「小豆洗《あずきあら》い」は、正体不明の妖怪《ようかい》だ。各地に伝わる絵では小《こ》柄《がら》な老人《ろうじん》の姿《すがた》をしているが、人間にはその姿《すがた》が見えない。つまり、音だ

鵺《ぬえ》

小豆洗《あずきあら》い

百々目鬼《どどめき》

けが存在《そんざい》する不思議な妖怪《ようかい》なのだ。

平安時代の京都には おそろしい妖怪《ようかい》が出現《しゅつげん》

平安時代に武将《ぶしょう》の源頼光《みなもとのよりみつ》と戦った「土蜘蛛《つちぐも》」は、巨大《きょだい》な蜘蛛《くも》の姿《すがた》をした妖怪《ようかい》だ。『平家物語《へいけものがたり》』には、病気で寝《ね》ていた頼光《よりみつ》のもとに僧《そう》に化《ば》けた土蜘蛛《つちぐも》が現《あらわ》れ、頼光《よりみつ》に縄《なわ》をかけようとして失敗《しっぱい》する場面が描《えが》かれている。変身の術《じゅつ》を使い、アクションも得意《とくい》な土蜘蛛《つちぐも》は、まるでアニメに登場する悪役キャラクターだ。

なお、頼光《よりみつ》とその仲間は、妖怪退治《ようかいたいじ》が得意《とくい》で、大江山《おおえやま》に住《す》む鬼《おに》の親分「酒呑童子《しゅてんどうじ》」（114ページ）をうちとったことで名を残した。

同じく『平家物語《へいけものがたり》』には、頭はサル、体はタヌキ、手足はトラ、尾はヘビが合体した妖怪《ようかい》「鵺《ぬえ》」が登場する。真夜中に京都御所《きょうとごしょ》の辺《あた》りに出現《しゅつげん》し、「ヒョーヒョー」という不気味な声を発するものの、その姿《すがた》を見せない妖怪《ようかい》に人々は恐怖《きょうふ》したという。平安時代の京都は、妖怪《ようかい》にとってとても住みやすい都だったようだ。

いっぽう東北地方には、愛《あい》すべき妖怪《ようかい》の伝承《でんしょう》が残っている。民家に住み着く「座敷《ざしき》わらし」だ。見た目は3〜6歳《さい》ほど。おかっぱ頭の男女の子どもの姿《すがた》で現《あらわ》れ、部屋で遊んだり、寝《ね》ている住人を起《お》こしたりするという。

座敷《ざしき》わらしが住み続ける家には幸《こう》福《ふく》がもたらされるが、いなくなると家はすたれるともいわれている。この無邪気《むじゃき》な妖怪《ようかい》は、どうやら「福の神」の役割《やくわり》にもなっているようだ。

森《もり》川《かわ》公《こう》園《えん》

気軽に近づいてはいけないユタの修《しゅ》行《ぎょう》場《ば》

DATA

TYPE 集合体

危険度	★★★
出現地	沖縄県宜野湾市《ぎのわんし》
特　徴	霊感《れいかん》の強い人がユタの修行場《しゅぎょうば》へ入ると耳鳴りがしたり、吐《は》き気《け》がしたりする。

神聖《しんせい》な場所は　じつは危険《きけん》な場所？

沖縄県宜野湾市《ぎのわんし》の中西部にある森川公園には、奥間大親《おくまうふや》の住《じゅう》居跡《きょあと》「西森御嶽《にしむいうたき》」があった。西《にし》森御嶽《むいうたき》は現在《げんざい》、石垣《いしがき》と石門しか残っておらず、石垣《いしがき》の向こうは緑におおわれた深い森が広がっている。その一帯こそが、神がおりてくる場所であり、ユタの修行場《しゅぎょうば》だったという。

一見、神聖《しんせい》な場所のようだが、霊感《れいかん》が強い人にとってはかなり危険《きけん》な場所だという。一体、何がひそんでいるというのだろう。

情報

悪い霊《れい》に取りつかれることも

鹿児島県の奄美地方《あまみちほう》や沖縄には、昔から「ユタ」と呼《よ》ばれる霊媒師《れいばいし》がいた。そんなユタの修《しゅ》行場《ぎょうば》・西森御嶽《にしむいうたき》が、現在《げんざい》の森川公園の敷地《しきち》にあったという。

ユタが霊《れい》とのつきあい方を学ぶため、修行場《しゅぎょうば》にはたくさんの霊《れい》が集まるのだそうだ。そのため、いまは石門が残るのみの西《にし》森御嶽《むいうたき》の跡地《あとち》にもまだ、たくさんの霊《れい》がただよっているという。霊感《れいかん》の強い人だと、森川公園に近づくと強い耳鳴りがして歩けなくなったり、気分が悪くなったりするようだ。

森川公園にただよう霊《れい》のなかには、人に取りつくような霊《れい》もいる。これはただのウワサ話ではない。あるとき園内の改修工《かいしゅうこう》事《じ》を行っていた作業員が霊《れい》に取りつかれ、神社の人を呼《よ》んで助けてもらったことがあるのだという。

また、公園でふざけていた大学生が頭痛や吐《は》き気《け》をおぼえた。その後も体調不良が続いたため、占《うらな》い師《し》にみてもらったところ「悪い霊《れい》をつれて帰ってきたね」といわれたという。

沖縄の人に森川公園について聞いてみると、「絶対に行かないほうがいい」という言葉が返ってきた。地元では霊《れい》がたくさんいる場所としておそれられている。

目撃情報

霊感《れいかん》のある人が森川公園に行くと、頭痛《ずつう》や吐《は》き気《け》におそわれたという。また、改修工《かいしゅうこう》事中《じちゅう》の作業員が霊《れい》に取りつかれパニック発作を起こし、おはらいをしてもらったことも……。

石垣《いしがき》で囲まれた西森御嶽《にしむいうたき》。その奥《おく》にはうす暗く、深い森が広がっている。

調査

霊《れい》に取りつかれる可能性《かのうせい》はある？

ユタは霊《れい》や神と交信し、その思想を受け取ることができる神の仕者だ。選ばれた者だけがなれる、神聖《しんせい》な役職《やくしょく》とされてきた。神とつながり、守護霊《しゅごれい》と接《せっ》触《しょく》することができるため、なやみを抱《かか》える人へのアドバイスや、除霊《じょれい》などを行うこともある。

そんなユタが霊力《れいりょく》を高めるため、きびしい修行《しゅぎょう》を続ける大切な場所が修行場《しゅぎょうば》だ。ときには強いうらみをもった霊《れい》を呼《よ》びだし、ユタ自身が苦《くる》しめられることもあるため、ユタの修行《しゅぎょう》は命がけだといわれている。

だとすれば、その修行場《しゅぎょうば》にたくさんの霊《れい》、なかには人に取りついて悪さをする霊《れい》がいたとしても、なんら不思議ではない。

また、そういう特別な場所でユタや霊《れい》をからかうようなことをしたら、おとなしい霊《れい》も怒《おこ》って、その人に取りつき、こらしめようとするかもしれない。

結果

なめると危険《きけん》！

霊感《れいかん》がある人にとっては危険《きけん》だと話したが、霊感《れいかん》がないからといって安全なわけではない。霊《れい》がいることはほぼ確実で、ユタや霊《れい》をバカにしていると、本当に取りつかれてひどい目にあう可能性《かのうせい》が高い。

注目！

祈《いの》りをささげるユタの姿《すがた》。ユタの修行《しゅぎょう》では霊《れい》を呼《よ》び出すこともあったようだ。なかには悪い霊《れい》もいただろう。

地域《ちいき》の守り神・お地蔵様《じぞうさま》の謎《なぞ》

手を合わせちゃいけないお地蔵様《じぞうさま》もいるって本当!?

笑みを絶やさぬ菩薩様《ぼさつさま》。その正体は閻魔大王《えんまだいおう》!?

だれでも一度は、「お地蔵様《じぞうさま》」に出合ったことがあると思う。大仏《だいぶつ》ほど迫力《はくりょく》はないが、お地蔵様《じぞうさま》からはどこか神秘的《しんぴてき》な魅力《みりょく》を感じる。

親しみをこめて「お地蔵《じぞう》さん」とも呼《よ》ばれているが、正式名称《せいしきめいしょう》は「地蔵菩薩《じぞうぼさつ》」だ。「地」は大地、「蔵《くら》」は蓄《たくわ》え、「菩薩《ぼさつ》」は悟《さと》りを求《もと》めて修行《しゅぎょう》をするという意味をもつ。

つまり地蔵菩薩《じぞうぼさつ》は、大地のように広大な慈悲《じひ》で、生きとし生けるものを救《すく》う仏様《ほとけさま》なのである。あえてここではお地蔵様《じぞうさま》と呼《よ》ばせていただく。

人間は死ぬと天国か地獄《じごく》に行くといわれている。そして、地獄《じごく》に落ちた人間に判決《はんけつ》を下《くだ》すのが、10人の仏《ほとけ》だ。これを十王説《じゅうおうせつ》という。

そのなかでも有名なのが閻魔大王《えんまだいおう》だろう。赤くおそろしい顔をしていることが多い閻魔大王《えんまだいおう》だが、その正体は地蔵菩薩《じぞうぼさつ》の化身《けしん》だといわれている。優《やさ》しくほほえむお地蔵様《じぞうさま》のイメージとは、かなりかけはなれているので驚《おどろ》きだ。

おそろしい表情《ひょうじょう》の閻魔大王像《えんまだいおうぞう》。お地蔵様《じぞうさま》とは正反対《せいはんたい》の印象《いんしょう》だ。

魔《ま》よけの赤をまとう親しみ深く慈《じ》悲《ひ》深《ぶか》い仏《ほとけ》

お地蔵様《じぞうさま》の多くには、「赤いよだれかけ」や「赤いぼうしや頭巾《ずきん》」が着けられていることが多い。これはただの飾《かざ》りとしてではなく、深い意味がある。

それはお地蔵様《じぞうさま》が「子どもを守る神様」として信仰《しんこう》されてきたことに由来する。人々は自分の子どもが健やかに育つようにと願いをこめ、魔《ま》よけの意味があるとされている赤色のよだれかけやぼうしを納《おさ》めたのだ。また、赤は「清くて正しい正直な色」という考え方もある。お地蔵《じぞう》様《さま》の赤いよだれかけやぼうしは、親の愛《あい》の証《あか》しといってもいいだろう。

墓石《ぼせき》の近《ちか》くにお地蔵様《じぞうさま》が立てられているお墓《はか》もある。もともとお墓《はか》といっしょに立てられたお地蔵様《じぞうさま》は、中絶《ちゅうぜつ》や死産を原因《げんいん》とする胎児《たいじ》である水子《みずこ》や、生まれたのちに病気で亡《な》くなった子どもを供養《くよう》することが目的だった。育つことのできなかった魂《たましい》をお地蔵様《じぞうさま》にたくす行為《こうい》も親の深い愛情《あいじょう》といえる。

お地蔵様《じぞうさま》を見かけるとついつい手を合わせたくなってしまうが、じつは手を合わせてはいけないお地蔵様《じぞうさま》もいるという。道端《みちばた》にポツンと立《た》つお地蔵様《じぞうさま》には悪《わる》い霊《れい》が寄《よ》ってくることがあるそうだ。そんなお地蔵様《じぞうさま》に手を合わせると、霊《れい》がついてきてしまうという。

また、手入れされていないお墓《はか》の敷地内《しきちない》にあるようなお地蔵様《じぞうさま》も同様だ。敬《うやま》う心は大切だが、仏様《ほとけさま》だと思って油断《ゆだん》していると、痛《いた》い目にあうかもしれない。

お墓に立つお地蔵様

きちんと管理《かんり》されているお地《じ》蔵様《ぞうさま》であれば問題ないが、管《かん》理《り》されていないお地蔵様《じぞうさま》には要注意《ようちゅうい》。心霊《しんれい》スポットに立《た》っているようなお地蔵様《じぞうさま》は危険《きけん》かもしれない。

STAFF

イラスト　キェーキ、fracoco、サイドランチ、鮫野でき、お七、かんかけ
写真　神霊能（http://www.yuuki.ac/）、朱い塚（https://scary.jp/）、Takuya WAKAGUCHI、きくっさん、おかりん、marimo、座間見、四国災害アーカイブス、PIXTA、フォトライブラリー
本文デザイン　相原真理子
カバーイラスト　キェーキ
カバーデザイン　西垂水敦、市川さつき（krran）
DTP　冨永恭章、Jane Lauren（クリエイティブ・スイート）
編集協力　遠藤昭徳、川崎友里恵（クリエイティブ・スイート）
執筆　倉田楽、川瀬ゆう（ソラリス）、松田和香（クリエイティブ・スイート）
校正・校閲　株式会社ぷれす、村上理恵

参考文献

・クリエイティブ・スイート 著『全日本オカルトミステリーレポート』（宝島社）
・イリサワマコト 著『超・怪奇ファイル 幽霊心霊現象大図鑑DX』（西東社）
・実業之日本社 著『ビビる！都市伝説&怪談スペシャル』（実業之日本社）
・実業之日本社 著『本当にこわい！学校の怪談スペシャル』（実業之日本社）
・中岡俊哉 著『実写!! 怪談百名所』（二見書房）
・都市ボーイズ 監修『怖い村の話』（宝島社）
・都市ボーイズ 監修『行ってはいけない呪いの村』（宝島社）
・秋山眞人 著『日本のオカルト150年史』（河出書房新社）
・荒俣宏 著『日本妖怪巡礼団』（集英社）
・荒俣宏、應矢泰紀 著『アラマタヒロシの日本全国妖怪マップ』（秀和システム）
・小松和彦 監修『大人の探検 妖怪』（実業之日本社）
・加須屋誠 監修『地獄絵を旅する』（平凡社）
・小栗栖健治 著『図説 地獄絵の世界』（河出書房新社）
・小池喜孝 著『鎖塚——自由民権と囚人労働の記録』（岩波書店）
・北海道高等学校日本史教育研究会 編集『北海道の歴史散歩』（山川出版社）
・吉田悠軌 著『禁足地巡礼』（扶桑社）
・松田広子 著『最後のイタコ』（扶桑社）

怪奇《かいき》・不思議《ふしぎ》
日本《にほん》全国《ぜんこく》都市《とし》伝説《でんせつ》

編　者　放課後心霊クラブ
発行者　池田士文
印刷所　日経印刷株式会社
製本所　日経印刷株式会社
発行所　株式会社池田書店
〒162-0851
東京都新宿区弁天町 43 番地
電話 03-3267-6821（代）
FAX 03-3235-6672

落丁・乱丁はお取り替えいたします。

ISBN 978-4-262-15739-9

［本書内容に関するお問い合わせ］
書名、該当ページを明記の上、郵送、FAX、または当社ホームページお問い合わせフォームからお送りください。なお回答にはお時間がかかる場合がございます。電話によるお問い合わせはお受けしておりません。また本書内容以外のご質問などにもお答えできませんので、あらかじめご了承ください。本書のご感想についても、当社HPフォームよりお寄せください。
［お問い合わせ・ご感想フォーム］
当社ホームページから
https://www.ikedashoten.co.jp/